自炊が
やる気ゼロでも
作れちゃう！

頑張らない レンチンごはん

エプロン

KADOKAWA

はじめに

　たくさんの本の中からこの本を手に取っていただき、本当にありがとうございます。エプロンと申します。

　突然ですが、私は「電子レンジを作ってくれた人、ありがとう！」とお礼を言いたいです。
　麺類、チャーハンにリゾット、おかずからデザートまでスイッチひとつでビックリするほど手軽にできるなんて本当に電子レンジは魅力的！

　火を使って、フライパンを使って作るお料理がおいしいのはもちろんのことですが、お料理が嫌いな方や苦手な方、仕事に子育て、家事に介護に病気の方など、心に余裕がないときに作るお料理はとてつもない負担になることがあります。

　そんなときは「お惣菜を買ってこよう！」「出前を取ろう！」「少し余裕ができたからエプロンのレンチンごはんを作ろう！」「なんだか今日は元気だから手をかけて作ろう♪」
　本書で紹介するレンチンレシピが、そんな選択肢のひとつになればいいなと思い考案しました。

　使っている材料は身近なものだけ。難しいものは一切なし！　決して「手抜き」ではなく「手間抜き」です！簡単でおいしいなんて最高！

　本書の「手間抜きレンチンレシピ」が、いつも頑張っている皆様の助けとなる一冊になりますように……。

エプロン

2

Contents

Part 1
定番人気おかずがオールレンチンで完成！
レンチン主役級おかず

Part 2

おなかがしっかり満たされる

レンチンごはん&麺

Column 1

炊飯器がなくても作れる！

レンジで作るごはんの炊き方

Part 3

あとひと品欲しいときの救世主

レンチン副り菜

Column 2

レンチン要らずで和えるだけ！

超スピード副菜レシピ6

Nadia Collectionとは

プロの料理家のおいしいレシピが集まるレシピサイト「Nadia」を舞台に、食で自己表現をするクリエイター「Nadia Artist（ナディアアーティスト）」を主役とした「Nadia」×「KADOKAWA」の書籍シリーズです。インターネットだけでなく、紙媒体である書籍でも食の情報をアウトプットすることで、Nadia Artistの新しい活躍の場を生み出していきます。

STAFF

制作協力／葛城嘉紀、黒澤佳（Nadia株式会社）
デザイン／大塚勤（Comboin）
撮影・スタイリング／エプロン
編集／上野真依
校正／一條正人

Part 4

ゆで時間不要！
レンチンスープ

Part 5

火を使わずできる
レンチンスイーツ

エプロン流レンチンレシピって!?
基本の作り方

面倒な工程をできるだけ省き、極限まで簡単＆時短を追求したのが、エプロン流レンチンレシピ！
その極意は、「切って、重ねて、チンして混ぜるだけ！」。さっそく作り方の流れを見ていきましょう。

切って

まずは食材をカット。電子レンジの加熱時間を短縮するため、食材は小さめに切るのがポイント。ひき肉やむきエビ、冷凍ミックスベジタブルなど、包丁を使わない食材を選ぶと、さらに調理の負担が軽減できます。

重ねて

基本は、ごはんや麺は一番下、その上に肉や魚、野菜、調味料の順に入れます。重ねる順番がおいしく作る秘訣なので、必ずレシピ通りに作りましょう。とくに記載がないものは、順番を気にせず入れてOK。

※上記は基本の作り方の流れです。レシピによっては、この通りではない場合もあります。

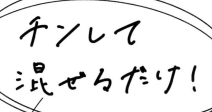

チンして
混ぜるだけ！

加熱ムラを防ぐため、レンチン後は
しっかり混ぜるのがポイント。余熱で
火が通り、おいしく仕上がります。レシ
ピによっては2回に分けて加熱する
のが、均等に火を通す秘訣です。

レンチンとは思えない、まるでお店の味！

エプロン流!
レンチンレシピを手軽においしく作るポイント

電子レンジ料理を作るうえで、覚えておきたい調理のポイントをご紹介します。
ちょっとしたポイントを押さえるだけで、おいしさが格段にアップします!

Point 1
加熱しすぎず余熱で火を通す

加熱しすぎると、肉や魚の身が固くなってしまったり、野菜などは食感が損われてしまったりするので、加熱の際は要注意。少し短めに加熱して、余熱で中まで火を通すのがポイントです。使用する電子レンジの機種などによって加熱時間は変わるので、本書の加熱時間を目安に、様子をみて調節しましょう。

Point 2
食材ごとに大きさを揃える

食材の大きさや切り方にばらつきがあると、均一に火が通らず、加熱ムラの原因になってしまいます。おいしく作るには、できるだけ形を揃えるのがポイント。また、大きく切りすぎると火が通りにくいので、小さめに切るのが短時間で火を通すポイントです。

Point 3

ラップはふんわり
破裂や突沸に注意！

電子レンジで加熱中、急激に高温になって水蒸気の行き場がなくなると、破裂してしまうことがあります。ラップをぴったりとかぶせると破裂の原因となりやすいので、ふんわりとかぶせて水蒸気の逃げ道を作ってあげると、破裂を防ぐことができます。

ひっくり返して
両面加熱しよう！

Point 4

肉や魚はひっくり返し
両面加熱する

肉や魚を加熱する際は、途中で一度取り出して身をひっくり返し、両面加熱するとムラなく火を通すことができます。また、加熱時間が長めのレシピは途中で一度取り出してかき混ぜると、味が均等になじみ、よりおいしく仕上がります。

Point 5

パスタを作るときは
麺を必ず水に浸す

電子レンジでパスタを作る際は、必ず麺全体を水に浸けるのがポイント。水に浸かっていない部分があると、その部分が固くなり、失敗の原因に。具材を入れて加熱する場合は、麺を一番下に入れ、その上に具材を重ねて加熱してください。

Point 6
調味料は加熱前に
混ぜ合わせる

複数調味料が入る場合は、あらかじめ調味料を合わせてから耐熱容器に入れると、味がなじみやすくなり、おいしく仕上がります。加熱後もしっかりと混ぜ合わせ、味が均等になじむようにしましょう。

Point 7
食材ごとに
平らに並べる

電子レンジは、食材の重ね方や並べ方によって、火の通り方が変わってきます。薄切りの肉などを加熱する際は、1枚1枚広げ、耐熱容器に敷き詰めるイメージで重ならないように広げるのが火の通りを揃えるポイントです。

Point 8
冷凍食材は
解凍せずに使ってOK！

冷凍のエビやミックスベジタブルなど、冷凍食材は解凍せず、そのまま使ってOK！ 凍った状態のまま他の食材と一緒に加熱するだけでおいしく作ることができるので、解凍する手間がかかりません。

調理にあった
耐熱容器を用意する

本書では、プラスチック製の耐熱コンテナと、
耐熱ガラスボウル、耐熱性の平皿を使用して
います。ほとんどのレシピは耐熱コンテナで
問題ありませんが、カレーなどの分量の多い
ものや色やにおいが移りやすいものは耐熱
ガラスボウルを使うのがおすすめです。

本書で使用する耐熱容器の種類

耐熱コンテナ

本書では、容量1100mlの角型を使
用。1人分のレシピを作るのにちょ
うどよいサイズ感。深さが8cm前後
あるものがおすすめ。

耐熱ガラスボウル

カレーやシチューなどの色やにおい
が移りやすいもののほか、具材が多
いものやあふれやすい汁ものなど
を作るときに使用。

平皿

汁気がなく、あふれる心配のないレ
シピで使用。調理後、皿に盛り直す
必要がないので、そのまま食卓に出
せるのが魅力。

本書の注意点

・電子レンジやトースターなどの加熱時間は、お使いの機種やメーカーにより異なります。
　本書の時間を目安に、様子をみながら調節しましょう。
・本書では、とくに記載のない場合、電子レンジは600Wを使用しています。500Wの場合は1.2倍、
　700Wの場合は0.8倍で計算し、様子をみながら加熱時間を調節しましょう。
・電子レンジを使用する際は、必ず耐熱性の容器や皿を使用しましょう。
・計量単位は大さじ1＝15ml、小さじ1＝5mlです。
・バターは有塩タイプを使用しています。

本書の見方

本書の見方と活用法をご紹介します。作りはじめる前にチェックしましょう。

A インデックス

本書では、「主菜」「主食」「副菜」「スープ」「スイーツ」の章に分かれています。作りたいカテゴリーが決まっている場合は、ここでページを確認しましょう。

B レシピ名

使っている食材や味つけなどが連想しやすいレシピ名になっているので、気になる料理写真を見つけたら、レシピ名をチェックしましょう。

C 調理時間

電子レンジの加熱時間に、食材を切るなどといった調理工程を加えた調理時間の目安です。調理をするときの参考にしてください。

D 工程写真

食材の並べ方など、文章だけでわかりにくい調理のポイントは写真つきで解説しています。

E Point

おいしく作るためのポイントやアレンジの方法などを紹介しているので、参考にしてください。

Part 1

定番人気おかずがオールレンチンで完成！

レンチン主役級
おかず

ハンバーグ、しょうが焼き、肉じゃがなど、みんなが大好きな定番
おかずをレンチンで作る、とっておきの方法をご紹介！　お手軽 &
時短はもちろん、味も絶品！　料理のハードルがぐっと下がります。

吹き出し: 鶏肉を巻いて調味料につけるだけ！

くるくる鶏チャーシュー

調理時間 **10** min

※冷蔵時間を除く

材料（1人分）

鶏もも肉	1枚（300g）
ゆで卵	1個
A 砂糖	大さじ1
酒	大さじ2
みりん	大さじ1
しょうゆ	大さじ2
にんにく（すりおろし）	小さじ1
しょうが（すりおろし）	小さじ1
粗びき黒こしょう	適宜

Point

できたてを切ると形が崩れてしまいやすいので、2時間以上は冷やしてからカットすると、きれいに仕上がります。

作り方

1. 鶏肉は厚みのある所に切り込みを入れて厚さを均等にし、くるくる巻く。巻き終わりはつまようじで4〜5ヶ所留める。

2. 耐熱容器に**A**を入れて混ぜ、**1**を加える。ふんわりとラップをして電子レンジで4分加熱する。取り出してひっくり返し、再びふんわりとラップをして4分加熱する。

3. ゆで卵を加え、冷蔵庫で2時間以上冷やす。食べやすい大きさに切って器に盛り、お好みで粗びき黒こしょうをふる。

甘辛いたれに
とろ〜りチーズが
よく絡む♪

チーズタッカルビ

調理時間
11 min

🍴材料（1人分）

鶏もも肉	1枚（300g）
キャベツ	2枚（100g）
ピザ用チーズ	50g
片栗粉	小さじ1
A 焼肉のたれ	大さじ3
酒	大さじ1
豆板醤	小さじ1
小ねぎ（小口切り）	適宜

🍴作り方

1 キャベツはざく切り、鶏肉はひと口大に切って片栗粉をまぶす。

2 耐熱容器に **A** を入れて混ぜ合わせ、**1** を入れる。ふんわりとラップをして電子レンジで6分加熱する。

3 取り出して混ぜ合わせてチーズをのせ、再びふんわりとラップをして2分加熱する。器に盛り、お好みで小ねぎを散らす。

炒め時間不要！
バターを加えて
コクがアップ

鶏のクリーム煮

調理時間 **10** min

🍴材料（1人分）

鶏もも肉	1枚（300g）
しめじ	50g
薄力粉	大さじ2
A ┌ コンソメ（顆粒）	小さじ2
├ 牛乳	150ml
└ バター	10g
パセリ（みじん切り）	適宜
粗びき黒こしょう	適宜

🍴作り方

1 鶏肉はひと口大に切り、しめじは
石づきを取ってほぐす。全体に薄
力粉をまぶしておく。

2 耐熱容器に1とAを入れ、ふんわ
りとラップをして電子レンジで4
分加熱する。取り出して一度混ぜ
合わせ、再びふんわりとラップをして4分加熱する。器に
盛り、お好みでパセリと粗びき黒こしょうをかける。

旨辛キムチマヨチキン

調理時間 **8** min

ピリッと辛くて
パンチの効いた
ごはんが止まらない味わい

🍴材料（1人分）

鶏もも肉	1枚（300g）
白菜キムチ	100g
薄力粉	小さじ1
A ┌ めんつゆ（2倍濃縮）	大さじ1
├ 焼肉のたれ	大さじ1
└ マヨネーズ	大さじ3
小ねぎ（小口切り）	適宜

🍴作り方

1 耐熱容器に食べやすい大きさ
に切った鶏肉を入れて全体に
薄力粉をまぶす。キムチとAを
加えてよく混ぜる。

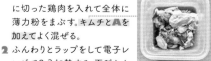

2 ふんわりとラップをして電子レ
ンジで3分加熱する。再びふん
わりとラップをして3分加熱する。軽く混ぜ合わせて
から器に盛り、小ねぎを散らす。

韓国の家庭の味が
レンチン10分で
食べられる♪

ヤンニョムチキン

調理時間
10 min

🍴 材料（1人分）

鶏もも肉	1枚（300g）
片栗粉	大さじ1
A 焼肉のたれ	大さじ2
ケチャップ	大さじ2
酒	大さじ2
みりん	大さじ1
豆板醤	小さじ2
炒りごま（白）	適宜

🍴 作り方

1 鶏肉はひと口大に切って片栗粉をまぶし、**A**とともに耐熱容器に入れて混ぜ合わせる。

2 ふんわりとラップをして電子レンジで3分加熱する。取り出して一度混ぜ合わせ、再びふんわりとラップをして3分加熱する。器に盛り、お好みで炒りごまを散らす。

レンチンでも
むね肉がしっとり。
さっぱりヘルシー！

レモンペッパー
サラダチキン

🔪 材料（1人分）

鶏むね肉	1枚（300g）
片栗粉	小さじ1
A 酒	大さじ1
オリーブオイル	大さじ1
レモン汁	大さじ1
砂糖	小さじ1
鶏がらスープの素（顆粒）	小さじ1
にんにく（すりおろし）	小さじ1
塩	小さじ1/2
粗びき黒こしょう	適量

🍴 作り方

1 鶏肉は皮を取り、フォークで裏表30回ずつ刺して全体に片栗粉をまぶす。

2 耐熱容器に **1** と **A** を加えてよくもみ込む。ふんわりとラップをして電子レンジで2分加熱する。取り出してひっくり返し、再びふんわりとラップをして2分加熱する。そのまま10分余熱で火を通す。

3 薄く切って器に盛り、粗びき黒こしょうをかける。

鶏の中華蒸し

🔪 材料（1人分）

鶏もも肉	1枚（300g）
片栗粉	小さじ1
A 鶏がらスープの素（顆粒）	小さじ1
酒	大さじ2
しょうゆ	大さじ1/2
ごま油	小さじ1
小ねぎ（小口切り）	適宜

🍴 作り方

1 鶏肉はひと口大に切って片栗粉をまぶし、**A** とともに耐熱容器に入れてよく混ぜる。

2 ふんわりとラップをして電子レンジで3分加熱する。

3 取り出して一度混ぜ合わせ、再びふんわりとラップをして3分加熱する。器に盛り、ごま油をかけてお好みで小ねぎをのせる。

常備調味料で
すぐできる。
忙しい日の救世主！

たっぷりねぎだれが絶品！
粗びき黒こしょうが
アクセント

ねぎ塩チキン

調理時間
10 min

🍴材料（1人分）

鶏むね肉	1枚（300g）
長ねぎ	1本
片栗粉	小さじ1
A 酒	大さじ1
鶏がらスープの素（顆粒）	小さじ1
にんにく（すりおろし）	小さじ1
塩	小さじ1/2
ごま油	小さじ1
粗びき黒こしょう	適量

🍴作り方

1 長ねぎはみじん切りに、鶏肉はひと口大のそぎ切りにし、片栗粉をまぶす。

2 耐熱容器に**A**を入れて混ぜ合わせ、**1**を加えてさらに混ぜる。ふんわりとラップをして電子レンジで4分加熱する。

3 一度取り出して混ぜ合わせ、再びふんわりとラップをして4分加熱する。器に盛り、ごま油と粗びき黒こしょうをかける。

水を使わないので濃厚！
トマトの旨みが
ダイレクトに味わえる

チキンのトマト煮

調理時間 **12** min

🥄 材料（1人分）

鶏もも肉	1枚（300g）
玉ねぎ	1/4個
薄力粉	大さじ1
A カットトマト缶	200g
ケチャップ	大さじ2
ウスターソース	大さじ2
コンソメ（顆粒）	小さじ1
砂糖	小さじ1
パセリ（みじん切り）	適宜

🍴 作り方

1 玉ねぎは薄切りに、鶏肉はひと口大に切り、薄力粉をまぶす。

2 耐熱容器にAと1を入れて混ぜ合わせ、ふんわりとラップをして電子レンジで5分加熱する。

3 一度取り出して混ぜ合わせ、再びふんわりとラップをして5分加熱する。器に盛り、パセリを散らす。

ウスターソースチキン

調理時間 **8** min

🥄 材料（1人分）

鶏もも肉	1枚（300g）
薄力粉	小さじ1
A 酒	大さじ1
めんつゆ（2倍濃縮）	大さじ1
ウスターソース	大さじ5
糸唐辛子	適宜

🍴 作り方

1 鶏肉は食べやすい大きさに切って耐熱容器に入れ、全体に薄力粉をまぶす。

2 Aを加えて混ぜ合わせ、ふんわりとラップをして電子レンジで3分加熱する。

3 一度取り出して混ぜ合わせ、再びふんわりとラップをして3分加熱する。器に盛り、お好みで糸唐辛子をのせる。

めんつゆ＆
ウスターソースで
味が決まる！

炒めるよりもヘルシーで
油なしでも
味がしっかりなじむ

火を使わない回鍋肉
（ホイ　コー　ロー）

調理時間
10min

材料（1人分）

豚バラ薄切り肉	150g
ピーマン	3個（100g）
キャベツ	3枚（100g）
A 砂糖	大さじ1
しょうゆ	大さじ1
酒	大さじ1
にんにく（すりおろし）	小さじ1
しょうが（すりおろし）	小さじ1
豆板醤	小さじ1
片栗粉	小さじ1
糸唐辛子	適宜

Point

豚肉はできるだけ重ならないようにのせ、
加熱ムラができないように平らにしてくだ
さい。しっかり混ぜて味をなじませること
がポイントです。

作り方

1. 豚肉は3cm幅に切り、ピーマンとキャベツはザク切りにする。

2. 耐熱容器にピーマンとキャベツを入れ、一番上に豚肉をのせる。合わせた**A**をかけ、ふんわりとラップをして電子レンジで3分加熱する。

3. 一度取り出してよく混ぜ、再びふんわりとラップをして3分加熱する。器に盛り、お好みで糸唐辛子をのせる。

食欲がない日に
おすすめの
疲労回復メニュー！

豆苗の豚バラ巻き

調理時間
10 min

🍴材料（1人分）

豚バラ薄切り肉		150g
豆苗		1袋
A	砂糖	小さじ1
	鶏がらスープの素（顆粒）	小さじ1
	炒りごま（白）	小さじ1
	ポン酢しょうゆ	小さじ2
	ごま油	小さじ2
	しょうゆ	小さじ2

🍴作り方

1. 豆苗は根元を切り落とし、豚肉に適量ずつのせて巻き、耐熱容器に入れる。
2. 1に合わせた**A**をかけ、ふんわりとラップをして電子レンジで5分加熱する。

ピリ辛で
ごはんが無限に
食べられるおいしさ

なすと大葉のピリ辛豚ロール

調理時間
13min

🥄材料（1人分）

豚バラ薄切り肉	200g
なす	2本
大葉	8枚
A 焼肉のたれ	大さじ2
ケチャップ	大さじ1
酒	大さじ1
片栗粉	小さじ1
豆板醤	小さじ1
小ねぎ（小口切り）	適宜

🍴作り方

1 なすは縦4等分に切る。なすに大葉と豚肉を巻く。

2 耐熱皿に**1**を並べ、合わせた**A**をかける。ふんわりとラップをして電子レンジで8分加熱する。

3 たれをよく絡めて器に盛り、お好みで小ねぎを散らす。

エリンギの
コリコリ食感が
アクセント！

青椒肉絲
チン ジャオ ロー スー

調理時間
10 min

材料（1人分）

牛細切れ肉	150g
ピーマン	4個
エリンギ	1本
A 酒	大さじ2
鶏がらスープの素（顆粒）	小さじ1
砂糖	小さじ1
しょうゆ	小さじ1
オイスターソース	小さじ1
しょうが（すりおろし）	小さじ1
にんにく（すりおろし）	小さじ1
片栗粉	小さじ1
ごま油	小さじ1
糸唐辛子	適宜

作り方

1 ピーマンとエリンギは細切りにし、耐熱容器に入れる。上から牛肉をのせ、合わせた**A**をかける。

2 ふんわりとラップをして電子レンジで3分加熱し、一度取り出してよく混ぜる。

3 再びふんわりとラップをして3分加熱する。器に盛り、ごま油をまわしかけ、お好みで糸唐辛子をのせる。

レンジだけで
味しみしみ。
レンチンだけで完成！

豚バラ大根

調理時間 **12** min

材料（1人分）

豚バラ薄切り肉	100g
大根	300g
A　砂糖	大さじ1
しょうゆ	大さじ1
みりん	大さじ1
和風だしの素（顆粒）	小さじ1
小ねぎ（小口切り）	適宜
粗びき黒こしょう	適宜

作り方

1 大根は皮をむき、薄いいちょう切りに、豚肉は3cm幅に切る。耐熱容器に入れる。

2 1に合わせたAをかけ、ふんわりとラップをして電子レンジで5分加熱する。

3 一度取り出してよく混ぜ、再びふんわりとラップをして5分加熱し、お好みで小ねぎ散らし、粗びき黒こしょうをふる。

なすと豚肉の旨辛蒸し

調理時間 **8** min

材料（1人分）

なす	2本（200g）
豚バラ薄切り肉	100g
A　めんつゆ（2倍濃縮）	大さじ3
焼肉のたれ	大さじ3
ごま油	大さじ1
片栗粉	小さじ1
小ねぎ（小口切り）	適宜
ラー油	適宜
七味唐辛子	適宜

作り方

1 なすは乱切りに、豚肉は食べやすい大きさに切って耐熱容器に入れ、Aを加えて混ぜ合わせる。

2 ふんわりとラップをして電子レンジで3分加熱する。

3 一度取り出して混ぜ合わせ、再びふんわりとラップをして3分加熱する。器に盛り、お好みで小ねぎをのせ、ラー油と七味唐辛子をかける。

ピリッと辛くて
クセになる
おつまみにも最適

29

マヨネーズ入りで
お肉がしっとり柔らか
お弁当のおかずにも最適！

レンチンしょうが焼き

調理時間
8 min

🍴 材料（1人分）

豚バラ薄切り肉	150g
玉ねぎ	1/4個
A 砂糖	大さじ1
酒	大さじ1
しょうゆ	大さじ1
マヨネーズ	大さじ1
片栗粉	小さじ1
しょうが（すりおろし）	小さじ1
塩・こしょう	各少々

🍴 作り方

1 耐熱容器に薄切りにした玉ねぎを入れ、豚肉を広げて重ねる。

2 1に合わせた**A**をかけ、ふんわりとラップをして電子レンジで3分加熱する。

3 一度取り出してよく混ぜ、再びふんわりとラップをして3分加熱する。

鶏がらベースで作る
素材の味が引き立つ
あっさり優しい味わい

塩肉じゃが

調理時間
15min

🥄材料（1人分）

豚バラ薄切り肉		100g
じゃがいも		2個（200g）
玉ねぎ		1/4個
A	酒	大さじ2
	鶏がらスープの素（顆粒）	小さじ2
	みりん	小さじ2
	にんにく（すりおろし）	小さじ1
	塩	ひとつまみ
	水	50ml
粗びき黒こしょう		適宜
小ねぎ（小口切り）		適宜

🍴作り方

1 玉ねぎは薄切りに、じゃがいもは小さめの乱切り、豚肉は3cm幅に切る。

2 耐熱容器に**1**を入れて合わせた**A**をまわしかけ、ふんわりとラップをして電子レンジで10分加熱する。

3 一度取り出して混ぜ合わせ、再びふんわりとラップをして2分加熱する。器に盛り、お好みで粗びき黒こしょうをふり、小ねぎを散らす。

31

白菜がたっぷり
食べられる
ヘルシーレシピ！

とろとろ白菜の豚バラ煮

調理時間
10min

材料（1人分）

豚ひき肉		100g
白菜		200g
A	鶏がらスープの素（顆粒）	小さじ1
	しょうゆ	小さじ1
	オイスターソース	小さじ1
	酒	大さじ1

作り方

1 白菜は1cm幅に切る。耐熱容器に**A**を入れて混ぜ合わせ、白菜とひき肉を加える。

2 ふんわりとラップをして電子レンジで4分加熱する。取り出して混ぜ、再び4分加熱する。

夕食のおかずにも
おつまみにもなる
スピードおかず！

肉豆腐

調理時間 **7** min

材料（1人分）

A	木綿豆腐	150g
	長ねぎ（白い部分）	1本分
	豚バラ薄切り肉	100g
B	めんつゆ（2倍濃縮）	大さじ4
	しょうが（すりおろし）	小さじ1
	七味唐辛子	適宜

作り方

1 長ねぎは斜め薄切りに、豆腐は
1.5cm幅、豚肉は3cm幅に切る。
2 耐熱容器に**A**を上から順に入
れ、**B**をかける。ふんわりとラップ
をして電子レンジで5分加熱す
る。器に盛り、お好みで七味唐辛
子をかける。

豚キムチ

調理時間 **8** min

材料（1人分）

	豚バラ薄切り肉	150g
	玉ねぎ	1/4個
A	白菜キムチ	100g
	めんつゆ（2倍濃縮）	大さじ2
	にんにく（すりおろし）	小さじ1
	しょうが（すりおろし）	小さじ1
	片栗粉	小さじ1/2
	小ねぎ（小口切り）	適宜

作り方

1 豚肉は3cm幅に切り、玉ねぎは
薄くスライスする。
2 耐熱容器に1と**A**を入れ、ふん
わりとラップをして3分加熱す
る。
3 取り出して一度混ぜ合わせ、再
びふんわりとラップをして3分
加熱する。器に盛り、お好みで
小ねぎを散らす。

にんにくとしょうが入り！
疲れた日にぴったりの
スタミナメニュー

レンチンとは
思えない
おしゃれなひと品！

ビーフシチュー

調理時間
15 min

材料（1人分）

A	牛細切れ肉	100g
	玉ねぎ	1/2 個
	じゃがいも	1 個
	にんじん	1/4 本
	ケチャップ	大さじ 2
	水	250ml
ビーフシチュールウ		2 片（40g）
コーヒーフレッシュ		適量
パセリ（みじん切り）		適宜

作り方

1 玉ねぎは薄切りに、じゃがいもとにんじんは小さめの乱切りにする。

2 耐熱ガラスボウルに**A**を入れ、ふんわりとラップをして電子レンジで10分加熱する。

3 一度取り出してルウを加えて混ぜ溶かす。再びふんわりとラップをして2分加熱する。器に盛り、お好みでコーヒーフレッシュをかけ、パセリを散らす。

ひとりですきやきを
楽しみたい
人におすすめ♪

すきやき風煮込み

調理時間
10min

材料（1人分）

牛細切れ肉		150g
焼き豆腐		150g
春菊		2束（80g）
小結白滝（アク抜き不要）		60g
A	砂糖	大さじ4
	酒	大さじ3
	しょうゆ	大さじ3
	みりん	大さじ3
	和風だしの素（顆粒）	小さじ1/2
溶き卵		1個分

作り方

1. 焼き豆腐は3cm角に、春菊は食べやすい長さに切る。

2. 耐熱容器に**A**を入れて混ぜ合わせ、1、白滝、牛肉を入れる。ふんわりとラップをして電子レンジで4分加熱する。

3. 一度取り出して具をひっくり返し、ふんわりとラップをして4分加熱する。器に盛り、溶き卵につけて食べる。

お肉も野菜も
しっかり摂れる
彩りも◎！

具だくさんチャプチェ

調理時間 15 min

🍴 材料（1人分）

	牛細切れ肉	100g
	緑豆春雨	50g
A	ピーマン	2 個
	にんじん	1/4 本
	ニラ	1/2 束
	水	150ml
	しょうゆ	大さじ 2
	酒	大さじ 2
B	砂糖	大さじ 1
	鶏がらスープの素（顆粒）	小さじ 1
	にんにく（すりおろし）	小さじ 1
	しょうが（すりおろし）	小さじ 1
	炒りごま（白）	適量

🍴 作り方

1 ピーマンとにんじんはせん切り、ニラは4cm長さに切る。

2 耐熱容器に**B**を入れて混ぜ合わせ、春雨が一番下になるようにして**A**を加える。ふんわりとラップをして電子レンジで3分加熱する。

3 一度取り出して混ぜ合わせ、再びふんわりラップをして3分加熱する。器に盛り、炒りごまを散らす。◎

煮込まなくてもOK。
覚えておきたい
定番レシピ！

定番肉じゃが

調理時間
15 min

🥄材料（1人分）

	牛細切れ肉	100g
A	じゃがいも	2個
	にんじん	1/4本（20g）
	玉ねぎ	1/4個
	砂糖	大さじ2
B	しょうゆ	大さじ2
	みりん	大さじ1
	和風だしの素（顆粒）	小さじ1/2

🍴作り方

1 じゃがいもとにんじんは小さめの乱切り、玉ねぎは薄切りにする。

2 耐熱容器に**A**を入れたら、混ぜ合わせた**B**をまわしかけ、ふんわりとラップをして電子レンジで10分加熱する。

3 一度取り出して混ぜ合わせ、再びふんわりとラップをして2分加熱する。

洗いものが
少ないから
後片づけも楽チン♪

ハンバーグ

調理時間
15min

材料（1人分）

	合びき肉	200g
	玉ねぎ	1/4個
	卵	1個
A	にんにく（すりおろし）	小さじ1
	パン粉	大さじ4
	ナツメグ	少々
	塩・こしょう	各少々
	砂糖	大さじ1
B	ケチャップ	大さじ2
	ウスターソース	大さじ2
	酒	大さじ1

Point

肉ダネは同じ大きさに丸め、加熱ムラが
できないように注意しましょう。肉ダネに
チーズを包んでもおいしくいただけます。

作り方

1 玉ねぎはみじん切りにする。
ポリ袋に**A**を合わせ、粘りが
出るまでもみ込む。4等分に
丸めて耐熱容器に入れる。

2 **1**に合わせた**B**をかけ、ふん
わりとラップをして電子レン
ジで4分加熱する。

3 一度取り出してタネをひっくり
返し、ふんわりラップをして4
分加熱する。

ちょっぴり
大きめサイズで
食べ応えも満点！

ごろっとミートボール

調理時間
10 min

材料（1人分）

A	合びき肉	200g
	パン粉	大さじ4
	マヨネーズ	大さじ2
	塩・こしょう	各少々
B	砂糖	小さじ1
	しょうゆ	小さじ1
	片栗粉	小さじ1/2
	酒	大さじ2
	ケチャップ	大さじ2
	ウスターソース	大さじ2
パセリ（みじん切り）		適宜

作り方

1. ポリ袋に **A** を入れて合わせ、粘りが出るまでもみ込む。12個に丸めて耐熱容器に入れる。

2. **1** に合わせた **B** をかけ、ふんわりとラップをして電子レンジで3分加熱する。

3. 一度取り出してタネをひっくり返し、再びふんわりとラップをして3分加熱する。更に盛り、お好みでパセリを散らす。

ふんわりつくねに
とろ〜り卵黄を絡めて
召し上がれ

照り焼きつくね

調理時間
12min

🍴材料（1人分）

A	鶏ひき肉	200g
	長ねぎ	1/3本
	パン粉	大さじ4
	卵白	1個分
	塩・こしょう	各少々
B	しょうゆ	大さじ1
	みりん	大さじ1
	酒	大さじ1
	水	大さじ1
炒りごま（白）		適量
大葉		適量
卵黄		1個分

🍴作り方

1. 長ねぎをみじん切りにする。ポリ袋に **A** を合わせ、粘りが出るまで混ぜたら8等分に丸める。

2. 耐熱容器に **1** を並べ、混ぜ合わせた **B** をかける。ふんわりとラップをして電子レンジで3分加熱する。ひっくり返して再びふんわりとラップをし、さらに3分加熱する。

3. 器に盛り、炒りごまを散らし、大葉と卵黄を添える。

シューマイの皮を
かぶせてレンチン
するだけ♪

包まないシューマイ

調理時間
15 min

🍴材料（1人分）

シューマイの皮		10枚
キャベツ		適量
A	豚ひき肉	200g
	長ねぎ	1/2本
	片栗粉	大さじ2
	しょうゆ	小さじ1
	酒	小さじ1
	しょうが（すりおろし）	小さじ1
	塩・こしょう	各少々
酒		大さじ1

🍴作り方

1. 長ねぎはみじん切りにする。ポリ袋に**A**を入れてもみ込む。
2. 耐熱皿にざく切りにしたキャベツを敷き、1のタネを10個に丸めて離して並べる。シューマイの皮を水にくぐらせてタネにかぶせ、酒をまわしかける。
3. ふんわりとラップをして電子レンジで6分加熱する。

電子レンジで作れば
豆腐が型崩れする
心配もなし♪

麻婆豆腐

調理時間 **6** min

🍴材料（1人分）

豚ひき肉		100g
豆腐		150g
A	しょうゆ	大さじ1
	砂糖	小さじ1
	鶏がらスープの素（顆粒）	小さじ1
	にんにく（すりおろし）	小さじ1
	しょうが（すりおろし）	小さじ1
	豆板醤	小さじ1
	片栗粉	小さじ1
	水	50ml
ラー油		適宜
小ねぎ（小口切り）		適宜

🍴作り方

1 耐熱容器に**A**を入れて合わせ、2cm
　角に切った豆腐とひき肉を加え、ふん
　わりとラップをして電子レンジで3分
　加熱する。

2 一度取り出してよく混ぜ合わせ、再び
　ふんわりとラップをして2分加熱する。

3 器に盛り、お好みでラー油をかけ、小
　ねぎを散らす。

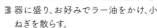

Point
片栗粉が沈澱する前にラップして、加熱させよう。

麻婆春雨

調理時間 **10** min

春雨の戻し時間は不要！
オイスターソースを加え
深みのある味わいに

🍴材料（1人分）

緑豆春雨		60g
豚ひき肉		100g
ニラ		1束
A	しょうゆ	大さじ2
	オイスターソース	大さじ1
	酒	大さじ2
	砂糖	小さじ2
	鶏がらスープの素（顆粒）	小さじ2
	コチュジャン	小さじ2
	にんにく（すりおろし）	小さじ1
	水	250ml

🍴作り方

1 ニラは4cm長さに切る。耐熱容
　器に**A**とニラ、ひき肉を入れて混
　ぜ、春雨を加える。

2 ふんわりとラップをして電子レンジ
　で4分加熱する。一度取り出して混
　ぜ合わせ、再び4分加熱し、よく混
　ぜる。

Point
加熱する際、春雨が耐熱容器から飛び出ていても問
題ありません。春雨にふんわりとかぶせるようにラップ
をかけて加熱しましょう。

成形する手間をカット！
油を使わないから
ヘルシーに食べられる

スコップコロッケ

調理時間
15min

🍴材料（1人分）

豚ひき肉		80g
じゃがいも		2個（250g）
玉ねぎ		1/4個
A	砂糖	大さじ1
	コンソメ（顆粒）	小さじ2
	しょうゆ	大さじ1/2
	塩・こしょう	各少々
パン粉		適量
パセリ（みじん切り）		適宜

🍴作り方

1 じゃがいもは皮をむき、小さめの乱切りにする。玉ねぎは粗みじん切りにする。

2 耐熱ガラスボウルに**1**とひき肉を入れてラップをし、電子レンジで6分加熱する。取り出してじゃがいもをフォークなどでつぶす。

3 **2**に**A**を加えてよく混ぜる。グラタン皿に移し、パン粉をかけてトースターで焼き色をつけ、お好みでパセリを散らす。

カニ風味かまぼこの
旨みたっぷり！
お財布にも優しい

カニクリームコロッケ

調理時間 **15** min

🍴材料（1人分）

カニ風味かまぼこ	....	5 本
薄力粉	....	大さじ 2
A 牛乳	....	250ml
コンソメ（顆粒）	....	小さじ 2
バター	....	10g
塩・こしょう	....	各少々
パン粉	....	適量
パセリ（みじん切り）	....	適宜

🍴作り方

1 カニ風味かまぼこはほぐして耐熱ガラスボウルに入れ、薄力粉を絡める。

2 Aを加えてよく混ぜ、ラップをせずに電子レンジで5分加熱する。取り出してよく混ぜる。

3 2をグラタン皿に移してパン粉をかけ、トースターで焼き色をつけ、お好みでパセリを散らす。

Point

加熱した際にあふれないよう大きな耐熱容器を使い、ラップはせずに加熱しましょう。

45

レンジ6分で完成！
とろりとした
ねぎもおいしい♪

サバのねぎみそ煮

🔪材料（1人分）

サバ	2切れ
長ねぎ	1/2本
A 砂糖	大さじ1
酒	大さじ1
みそ	大さじ1
みりん	大さじ1
しょうが（すりおろし）	小さじ1

🍴作り方

1 長ねぎは斜め薄切りにする。耐熱容器に**A**を入れて合わせ、サバの皮目を下にして並べ、長ねぎをのせる。

2 ふんわりとラップをして電子レンジで3分加熱する。一度取り出して身をひっくり返し、再びふんわりとラップをして3分加熱する。

ひと口サイズで
時短＆しっとり。
たれがよく絡む

ブリの照り焼き

調理時間
6 min

材料（1人分）

ブリ	2切れ（200g）
片栗粉	小さじ1
A 砂糖	大さじ1
しょうゆ	大さじ1
みりん	大さじ1
酒	大さじ1
水	大さじ1
かいわれ大根	適量

作り方

1 ブリは3cmの角切りにする。全体に片栗粉をまぶし、耐熱容器に入れる。

2 1に合わせた**A**をかけ、ふんわりとラップをして電子レンジで2分加熱する。ブリをひっくり返し、再びふんわりとラップをして2分加熱する。

3 器にブリを盛り、かいわれ大根を添える。

子どもから大人まで
大好きなカレー味！
パクパク食べられる♪

鮭とじゃがいものスパイシー蒸し

調理時間
10min

材料（2人分）

生鮭	………………………	2切れ
じゃがいも	…………………	1個
A 酒	…………………	大さじ2
ケチャップ	…………	大さじ1
カレー粉	……………	小さじ1
コンソメ（顆粒）	……	小さじ1
ミニトマト	…………………	適量
パセリ（みじん切り）	………	適宜

作り方

1 耐熱容器に鮭を入れ、せん切りにしたじゃがいもを重ねる。合わせた **A** をまわしかけて、ふんわりとラップをして電子レンジで7分加熱する。

2 皿に盛り、半分に切ったミニトマトを添え、お好みでパセリを散らす。

ガーリックバターに
みそを加えた
パンチのある味わい

鮭のガリバタみそ煮

調理時間
7 min

🔪材料（2人分）

生鮭	……	2切れ
ブロッコリー	……	100g
A 酒	……	大さじ2
砂糖	……	小さじ1
みそ	……	小さじ1
にんにく（すりおろし）	……	小さじ1
バター	……	10g

🍴作り方

1 耐熱容器に鮭とブロッコリーを並べて入れ、合わせた**A**をかける。

2 ふんわりとラップをして電子レンジで5分加熱する。器に盛り、バターをのせる。

白身魚の中華蒸し

調理時間
7 min

🔪材料（2人分）

タラ	……	2切れ
長ねぎ	……	1/2本
A 塩	……	小さじ1/4
砂糖	……	小さじ1
しょうゆ	……	大さじ1
酒	……	大さじ1
ごま油	……	小さじ1/2

🍴作り方

1 長ねぎは斜め薄切りにする。耐熱容器に**A**を入れて合わせ、タラと長ねぎを入れる。

2 ふんわりとラップをし、電子レンジで5分加熱する。ごま油をまわしかける。

レンジ蒸しでふっくら
ごま油の風味香る
優しい味わい

プリプリのエビに
とろみのあるピリ辛
餡がしっかり絡む♪

エビチリ

調理時間
10 min

材料（2人分）

むきエビ	15 尾
長ねぎ	1/2 本
チンゲン菜	1 株

A
ケチャップ	大さじ 3
酒	大さじ 2
水	大さじ 2
鶏がらスープの素（顆粒）	小さじ 1
にんにく（すりおろし）	小さじ 1
しょうが（すりおろし）	小さじ 1
豆板醤	小さじ 1
片栗粉	小さじ 1

Point

辛さは豆板醤の量で調整できます。少な
くすれば甘めに仕上がりますので、お好
みの量に調整してください。

作り方

1 長ねぎはみじん切りにする。
耐熱容器に**A**を入れて合わ
せ、長ねぎとエビを加えてさら
に混ぜる。

2 ふんわりとラップをして、電子
レンジで2分加熱する。一度
取り出して混ぜ合わせ、再び
ふんわりとラップをして2分加
熱したら器に盛る。

3 チンゲン菜の根元を切り落と
してラップで包み、電子レン
ジで1分加熱したら皿に添え
る。

レンチンで卵ふわふわ。
5分でできる
スピードおかず！

ニラ玉

材料（1人分）

卵	3個
ニラ	1/2束
ごま油	大さじ1
A オイスターソース	小さじ1
鶏がらスープの素（顆粒）	小さじ1/2
塩・こしょう	各少々

1 耐熱容器に卵とごま油を入れて
よく混ぜる。ふんわりとラップを
して電子レンジで1分30秒加熱
し、よく混ぜる。

2 **1**に3cm長さに切ったニラと**A**
を加えて混ぜ合わせ、ふんわり
とラップをして30秒加熱する。

なすの照りたま グラタン

材料（1人分）

なす	2本（200g）
卵	1個
ピザ用チーズ	50g
A しょうゆ	大さじ1
みりん	大さじ1
砂糖	大さじ1/2
粗びき黒こしょう	適宜

作り方

1 なすはヘタを取り除き皮をむ
く。耐熱皿に入れてふんわりと
ラップをし、電子レンジで3分
加熱する。取り出して裂いてほ
ぐしておく。

2 **1**に合わせた**A**をかけ、卵を割
り入れる。ピザ用チーズをの
せ、トースターでこんがりする
まで焼き、お好みで粗びき黒こ
しょうをふる。

とろっとなすに
卵とチーズを
絡めて召し上がれ♪

Part 2

おなかがしっかり満たされる

レンチンごはん＆麺

フライパンを使わないチャーハンからゆでる工程がいらないパスタまで、面倒な工程をカットしたレンチン主食レシピが盛りだくさん！一人のランチにぴったりなメニューが揃いました。

覚えていて損はなし！
本格チャーハンが
レンチンで食べられる♪

パラパラ黄金チャーハン

調理時間
5 min

🍴材料（1人分）

ごはん	200g
卵	1個
ハム	2枚
ごま油	大さじ1
鶏がらスープの素（顆粒）	小さじ1
しょうゆ	小さじ1
にんにく（すりおろし）	小さじ1
塩・こしょう	各少々
小ねぎ（小口切り）	適宜

🍴作り方

1. ハムは角切りにする。耐熱容器に小ねぎ以外の材料をすべて入れて混ぜ合わせ、ふんわりとラップをして電子レンジで2分加熱する。

2. 取り出して一度混ぜ合わせ、再びふんわりとラップをして1分加熱する。器に盛り、お好みで小ねぎを散らす。

カレー風味で
食欲アップ♪
お弁当にもおすすめ

カレーチャーハン

調理時間 **5** min

🍴材料（1人分）

ごはん	200g
ウィンナーソーセージ	2本
冷凍ミックスベジタブル	大さじ2
カレー粉	小さじ1
コンソメ（顆粒）	小さじ1
しょうゆ	小さじ1
みりん	小さじ1
バター	5g
パセリ（みじん切り）	適宜

🍴作り方

1 ウィンナーソーセージは、薄切りにする。耐熱容器にパセリ以外の材料をすべて入れて混ぜ合わせる。ふんわりとラップをして、電子レンジで3分加熱する。

2 取り出してよく混ぜる。器に盛り、お好みでパセリを散らす。

キムチチャーハン

調理時間 **5** min

🍴材料（1人分）

A	ごはん	200g
	卵	1個
	白菜キムチ	50g
	鶏がらスープの素（顆粒）	小さじ1
	ごま油	大さじ1
	塩・こしょう	各少々
白菜キムチ		適量
小ねぎ（小口切り）		適宜

🍴作り方

1 キムチは、粗みじん切りにする。耐熱容器にAを入れて混ぜ合わせる。ふんわりとラップをして電子レンジで2分加熱する。

2 取り出してよくほぐし、再びふんわりとラップをして1分加熱する。器に盛り、キムチをのせてお好みで小ねぎを散らす。

ごま油の香ばしい
香りが食欲を
そそるひと品！

ごはんから作る
お手軽リゾット。
卵に絡めて召し上がれ

カルボリゾット

調理時間
5 min

材料（1人分）

	ごはん	200g
	ハーフベーコン	2枚
A	牛乳	100ml
	バター	5g
	コンソメ（顆粒）	小さじ1/2
	ピザ用チーズ	30g
卵白		1個分
卵黄		1個分
粗びき黒こしょう		適宜
パセリ（みじん切り）		適宜

作り方

1 ハーフベーコンは、短冊切りにする。耐熱容器にAを入れて混ぜ合わせる。ふんわりとラップをして電子レンジで2分加熱する。

2 取り出して卵白を加えてよく混ぜる。器に盛り、中央に卵黄をのせ、お好みで粗びき黒こしょうをふり、パセリを散らす。

そのまま食べても
オムライスに
してもおいしい♪

ケチャップライス

調理時間
5 min

🥄材料（1人分）

ごはん	200g
ウィンナーソーセージ	2本
冷凍ミックスベジタブル	大さじ2
ケチャップ	大さじ2
しょうゆ	小さじ1
オリーブオイル	小さじ1
コンソメ（顆粒）	小さじ1/2
塩・こしょう	各少々
粉チーズ	適宜
パセリ（みじん切り）	適宜

🍴作り方

1 ウィンナーソーセージは、薄切りにする。耐熱容器に粉チーズとパセリ以外の材料をすべて入れてよく混ぜ合わせる。ふんわりとラップをして電子レンジで3分加熱する。

2 取り出してよく混ぜる。器に盛り、お好みで粉チーズをかけ、パセリを散らす。

57

米から作る本格
チーズリゾットが
オールレンチンで完成！

お米から作るチーズリゾット

調理時間
20 min

🍴材料（1人分）

	米	1/2 合
	水	350ml
A	コンソメ（顆粒）	小さじ1
	にんにく（すりおろし）	小さじ1
	オリーブオイル	小さじ2
	ハーフベーコン	2枚
B	ピザ用チーズ	50g
	バター	10g
	粗びき黒こしょう	適宜
	パセリ（みじん切り）	適宜

🍴作り方

1 ハーフベーコンは、短冊切りにする。米は洗って水気を切る。耐熱ガラスボウルに**A**を入れて混ぜ合わせ、ふんわりとラップをして電子レンジで15分加熱する。

2 取り出して**B**を加えてよく混ぜる。再びふんわりとラップをして1分加熱し、器に盛る。お好みで粗びき黒こしょうをふり、パセリをちぎってのせる。

具材を変えて
アレンジするのも
おすすめ♪

ソーセージピラフ

調理時間
5 min

🍴材料（1人分）

ごはん	200g
ウィンナーソーセージ	2本
冷凍ミックスベジタブル	大さじ2
コンソメ（顆粒）	小さじ1
バター	10g
塩・こしょう	各少々
粗びき黒こしょう	適宜

🍴作り方

1 ウィンナーソーセージは薄切りにする。耐熱容器に粗びき黒こしょう以外の材料をすべて入れて混ぜ合わせる。ふんわりとラップをして電子レンジで3分加熱する。

2 取り出して混ぜ、器に盛り、お好みで粗びき黒こしょうをかける。

加熱時間は4分だけ！
食べたいときに
さっとすぐできる

お手軽牛丼

調理時間
7 min

🌿材料（1人分）

ごはん	………	適量
牛切り落とし肉	………	70g
玉ねぎ	………	1/4 個
A 和風だしの素（顆粒）	………	小さじ1
砂糖	………	小さじ1
にんにく（すりおろし）	………	小さじ1
しょうが（すりおろし）	………	小さじ1
みりん	………	小さじ2
しょうゆ	………	小さじ2
酒	………	小さじ2
水	………	大さじ2
紅しょうが	………	適宜
七味唐辛子	………	適宜

🍴作り方

1 牛肉は食べやすい大きさに、玉ねぎは薄切りにする。

2 耐熱容器に**1**と**A**を入れて混ぜ、ふんわりとラップをして電子レンジで2分加熱する。取り出して一度混ぜ合わせ、再びふんわりとラップをして2分加熱する。

3 器にごはんと**2**を盛り、お好みで紅しょうがを添えて七味唐辛子をかける。

にんにくの効いた
パンチのある味わいが
クセになる

ねぎ塩豚丼

調理時間
6 min

🍴材料（1人分）

ごはん		適量
	豚バラ薄切り肉	70g
	長ねぎ	1/2 本
	鶏がらスープの素（顆粒）	小さじ 1
A	にんにく（すりおろし）	小さじ 1
	塩	ひとつまみ
	ごま油	小さじ 2
	水	大さじ 2
粗びき黒こしょう		適宜

🍴作り方

1 豚肉は4cm幅に、長ねぎは斜め薄切りにする。

2 耐熱容器に**A**を入れて混ぜ合わせる。ふんわりとラップをして電子レンジで2分加熱する。一度取り出して混ぜ合わせ、再びふんわりとラップをして2分加熱する。

3 器にごはんと**2**を盛り、お好みで粗びき黒こしょうをふる。

なすとツナの旨辛丼

調理時間
5 min

🍴材料（1人分）

ごはん		適量
なす		1 本（100g）
	ツナ缶（油漬け）	1/2 缶（35g）
	しょうゆ	大さじ 1
	酒	大さじ 1
A	みりん	大さじ 1
	ごま油	大さじ 1/2
	和風だしの素（顆粒）	小さじ 1/2
小ねぎ（小口切り）		適宜

🍴作り方

1 なすは皮をむき、2cm角に切る。耐熱容器になすと**A**を入れて混ぜ合わせ、ふんわりとラップをして電子レンジで2分加熱する。

2 器にごはんと**1**を盛り、お好みで小ねぎを散らす。

ツナの旨みを
吸ったなすがおいしい。
ごはんとの相性抜群！

本格エスニック料理が
レンジでできる！
彩りも華やか

ナシゴレン

調理時間 **10** min

🥄 材料（1人分）

	ごはん	200g
	冷凍むきエビ	30g
A	鶏ひき肉	50g
	パプリカ（赤・黄）	各1/4個
	ピーマン	1個
	ナンプラー	小さじ1
	しょうゆ	小さじ1
	砂糖	小さじ1
B	オイスターソース	小さじ1
	豆板醤	小さじ1
	にんにく（すりおろし）	小さじ1
	ケチャップ	小さじ1
	卵	1個
	ミニトマト	適宜
	イタリアンパセリ	適宜

Point

調味料はすべて小さじ1なので覚えやす
く、軽量の手間も軽減できます。パプリカ
は2色使うと彩りよく仕上がります。

🍴 作り方

1 パプリカ（赤・黄）とピーマンは
1cmの角切りにする。

2 耐熱容器に**A**と**B**を入れてよ
く混ぜ、ふんわりとラップをし
て電子レンジで3分加熱す
る。一度取り出してよく混ぜ合
わせ、再びラップをして3分加
熱し、器に盛る。

3 小さめの耐熱容器に卵を割り
入れ、水大さじ1（分量外）を
かけたら卵黄に数ヶ所穴を開
ける。ラップをせずに40秒加
熱し、器に盛る。お好みでミニ
トマトをのせ、イタリアンパセ
リをのせる。

たったの8分で
おしゃれな
カフェ飯の完成♪

ガパオライス

調理時間
8 min

材料（1人分）

ごはん		200g
卵		1個
A	鶏ひき肉	50g
	ピーマン	1個
	パプリカ（赤・黄）	各1/4個
	玉ねぎ	1/4個
B	ナンプラー	小さじ1
	オイスターソース	小さじ1
	砂糖	小さじ1
	にんにく（すりおろし）	小さじ1
	豆板醤	小さじ1
粗びき黒こしょう		適宜

作り方

1 ピーマンとパプリカ（赤・黄）は1cm角、玉ねぎはみじん切りにする。

2 耐熱容器にAとBを入れてよく混ぜ、ふんわりとラップをして電子レンジで4分加熱する。器にごはんとともに盛る。

3 小さめの耐熱容器に卵を割り入れ、水大さじ1（分量外）をかける。卵黄につまようじで数ヶ所穴を開ける。ラップをかけずに40秒加熱し、器に盛る。お好みで粗びき黒こしょうをふる。

味がしっかりしみ込み
炊飯器で炊いたような
おいしさに

鶏肉と揚げの炊き込み風ごはん

調理時間 **10** min

材料（作りやすい分量）

ごはん	1.5 合（450g）
鶏もも肉	150g
油揚げ	1/2 枚
にんじん	1/4 本（20g）
A 和風だしの素（顆粒）	小さじ 1
みりん	小さじ 1
酒	小さじ 2
しょうゆ	小さじ 2

作り方

1 油揚げは短冊切り、にんじんはせん切り、鶏肉は2cm角に切る。

2 耐熱容器に **1**と**A**を入れて混ぜる。ふんわりとラップをして電子レンジで2分加熱し、一度取り出して混ぜる。再びふんわりとラップをして2分加熱する。

3 ごはんに**2**を加えて混ぜ込み、おにぎりにする。

きのこたっぷりしょうがごはん

調理時間 **5** min

材料（作りやすい分量）

ごはん	1.5 合（450g）
しめじ	100g
まいたけ	100g
しょうが	1 かけ
A しょうゆ	大さじ 2
酒	大さじ 1
塩	小さじ 1/3
かつお節	5g
小ねぎ（小口切り）	適宜

作り方

1 しめじは石づきを切り落とし、まいたけは小房に分ける。しょうがはせん切りにする。

2 **1**と**A**を合わせ、ふんわりとラップをして電子レンジで3分加熱する。

3 ごはんに**2**を混ぜ込み、器に盛る。お好みで小ねぎを散らす。

しょうがの香りが
食欲を引き立てる
さっぱりとした味わい

水少なめで
旨みを凝縮。
感動のおいしさ！

なすミートカレー

調理時間
17 min

材料（1人分）

ごはん		適量
A	鶏ひき肉	100g
	なす	1本（100g）
	玉ねぎ	1/4個
	ケチャップ	大さじ5
	カレールウ	1片（25g）
	水	100ml
パセリ（みじん切り）		適宜

作り方

1 なすは半月切り、玉ねぎはみじん切りにする。

2 耐熱ガラスボウルに **A** を入れ、ふんわりとラップをして電子レンジで10分加熱する。

3 一度取り出して混ぜ合わせ、再びふんわりとラップをして2分加熱する。器にごはんとともに盛り、お好みでパセリをのせる。

Point

ルウを使用するレシピは、プラスチック製の耐熱容器を使用すると変形の恐れがあるので、必ずガラス製の容器を使いましょう（P.66〜69まで同様）。

隠し味の
ケチャップで
甘さと旨みがアップ！

キーマカレー

調理時間
15 min

材料（1人分）

ごはん		適量
卵黄		1個分
A	豚ひき肉	150g
	玉ねぎ	1個
	ケチャップ	大さじ2
	にんにく（すりおろし）	小さじ1
	バター	10g
	カレールウ	2片（50g）
	水	150ml
イタリアンパセリ		適宜

作り方

1 玉ねぎはみじん切りにする。耐熱ガラスボウルにAを入れ、ふんわりとラップをして電子レンジで10分加熱し、取り出してよく混ぜる。

2 器にごはんと■を盛り、卵黄をのせ、お好みでイタリアンパセリをのせる。

67

お肉たっぷり！
にんにくを加えて
深みのある味わいに

コク旨ポークカレー

調理時間
15 min

材料（1人分）

ごはん	適量
豚バラ薄切り肉	150g
玉ねぎ	1/2 個
A にんにく（すりおろし）	小さじ1
バター	10g
カレールウ	2片（50g）
水	250ml
パセリ（みじん切り）	適宜

作り方

1 豚肉は4cm幅に、玉ねぎは薄切りにする。

2 耐熱ガラスボウルに **1** と **A** を入れ、ふんわりと
　ラップをして電子レンジで10分加熱する。

3 取り出してよく混ぜ、器にごはんとともに盛る。
　お好みでパセリを散らす。

市販のルウに
ケチャップとバターで
コクをプラス

ハヤシライス

調理時間
15min

🍳材料（1人分）

ごはん	適量
豚バラ薄切り肉	100g
玉ねぎ	1/2個
A ケチャップ	大さじ2
バター	10g
水	250ml
ハヤシライスルウ	2片（50g）
パセリ（みじん切り）	適宜

🍴作り方

1 豚肉は3cm幅に、玉ねぎは薄切りにする。

2 耐熱ガラスボウルに**A**を入れ、ふんわりとラップをして電子レンジで8分加熱する。

3 一度取り出して混ぜ合わせ、ハヤシライスルウを加えて混ぜ溶かす。再びふんわりラップをして2分加熱する。器にごはんとともに盛り、パセリを散らす。

69

ケチャップを使って
酸味を抑えた
子どもも大好きな味わい！

ツナとトマトの濃厚パスタ

調理時間 **12** min

材料（1人分）

	パスタ（5分ゆでタイプ）	100g
	ツナ缶（油漬け）	1缶（70g）
	玉ねぎ	1/4個
A	コンソメ（顆粒）	小さじ1
	にんにく（すりおろし）	小さじ1
	ケチャップ	大さじ2
	水	250ml
B	牛乳	50ml
	バター	10g
パセリ（みじん切り）		適宜

作り方

1 玉ねぎは粗みじん切りにする。耐熱容器に**A**を上から順に入れ、ラップをかけずに電子レンジで8分加熱する。

2 取り出して一度混ぜ合わせ、**B**を加えてさらに混ぜる。再び2分加熱する。

3 取り出して混ぜ、器に盛り、お好みでパセリを散らす。

Point

・パスタは早ゆでタイプではなく、5分ゆでタイプのほうがおいしく仕上がるのでおすすめです（P.71〜79まで同様）。

・加熱する際、パスタは必ず一番下に入れ、パスタがすべて水に浸るようにするのがポイント。水に浸かっていない部分があると柔らかくゆであがらないので注意しましょう。

71

包丁不使用！
耐熱容器に入れて
レンチンするだけ！

ペペロンチーノ

調理時間
10min

材料（1人分）

A	パスタ（5分ゆでタイプ）…	100g
	オリーブオイル …	大さじ2
	にんにく（すりおろし）…	小さじ2
	コンソメ（顆粒）…	小さじ1
	赤唐辛子（輪切り）…	1/2本
	水 …	250ml
パセリ（みじん切り）…		適宜

作り方

1 耐熱容器に **A** を上から順に入れ、ラップをかけずに電子レンジで8分加熱する。

2 取り出して混ぜ、器に盛る。お好みでパセリを散らす。

明太子と
バターしょうゆと
相性抜群♪

明太バターパスタ

調理時間
10 min

🍴材料（1人分）

A	パスタ（5分ゆでタイプ）…	100g
	オリーブオイル………	大さじ1
	水………………	250ml
B	明太子（ほぐす）………	1本
	しょうゆ………………	小さじ1
	バター…………………	10g
刻みのり………………		適宜
小ねぎ（小口切り）………		適宜
明太子……………………		適宜

🍴作り方

1. 耐熱容器に**A**を入れ、ラップをかけずに電子レンジで8分加熱する。

2. 取り出して混ぜ合わせ、**B**を加えてさらに混ぜる。器に盛り、お好みで刻みのりや小ねぎを散らし、明太子をのせる。

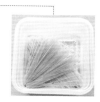

さっぱりなのに
パンチの効いた
クセになるおいしさ！

ねぎ塩レモンパスタ

調理時間 **10** min

🍴材料（1人分）

	パスタ（5分ゆでタイプ）	100g
	長ねぎ	1/2本
	オリーブオイル	大さじ1
A	鶏がらスープの素（顆粒）	小さじ1
	にんにく（すりおろし）	小さじ1
	塩	小さじ1/4
	水	250ml
レモン汁		小さじ1
	粗びき黒こしょう	適量
B	小ねぎ（小口切り）	適量
	刻みのり	適量

🍴作り方

1 長ねぎは薄切りにする。耐熱容器に**A**を上から順に入れ、ラップをかけずに電子レンジで8分加熱する。

2 一度取り出して混ぜ合わせ、レモン汁を加えてさらに混ぜる。器に盛り、**B**をトッピングする。

生クリームなしでも
バターと粉チーズで
コクと旨みたっぷり

濃厚カルボナーラ

調理時間
12 min

🍴材料（1人分）

A	パスタ（5分ゆでタイプ）	100g
	ハーフベーコン	4枚
	オリーブオイル	大さじ1
	コンソメ（顆粒）	小さじ1
	にんにく（すりおろし）	小さじ1
	水	300ml
B	バター	10g
	粉チーズ	大さじ1
	卵	1個
パセリ（みじん切り）		適宜
粗びき黒こしょう		適宜

🍴作り方

1 ハーフベーコンは短冊切りにする。耐熱容器に**A**を上から順に入れ、ラップをかけずに電子レンジで10分加熱する。

2 取り出して一度混ぜ合わせ、**B**を加えてさらに混ぜる。器に盛り、お好みでパセリを散らし、粗びき黒こしょうをふる。

ピリッと辛い
柚子こしょうが効いた
大人の和風パスタ

のりと柚子こしょうの絶品パスタ

調理時間
10min

🖊️材料（1人分）

A
- パスタ（5分ゆでタイプ）… 100g
- のり（全形）……………… 1枚
- 白だし…………………… 大さじ1
- 水………………………… 250ml

B
- バター…………………… 10g
- 柚子こしょう…………… 小さじ1

小ねぎ（小口切り）……………… 適宜

🍴作り方

1. 耐熱容器に**A**を上から順に入れ、ラップをかけずに電子レンジで8分加熱する。

2. 取り出して一度混ぜ合わせ、**B**を加えてさらに混ぜる。器に盛り、お好みで小ねぎを散らす。

喫茶店の
昔懐かしいあの味を
レンチンで再現！

ナポリタン

調理時間
13 min

🍴材料（1人分）

A	パスタ（5分ゆでタイプ）	100g
	ウィンナーソーセージ	2本
	玉ねぎ	1/4個
	ピーマン	1個
	コンソメ（顆粒）	小さじ1
	オリーブオイル	大さじ1
	水	250ml
B	バター	10g
	ケチャップ	大さじ3
粉チーズ		適宜
粗びき黒こしょう		適宜

🍴作り方

1 ウィンナーソーセージと玉ねぎは薄切り、ピーマンはせん切りにする。耐熱容器に**A**を上から順に入れ、ラップをかけずに電子レンジで10分加熱する。

2 取り出して一度混ぜ合わせ、**B**を加えてさらに混ぜる。器に盛り、お好みで粉チーズと粗びき黒こしょうをふる。

簡単なのに
贅沢気分が味わえる
リッチなひと品

大葉ジェノベーゼパスタ

調理時間
12min

材料（1人分）

A	パスタ（5分ゆでタイプ）…	100g
	オリーブオイル …………	大さじ1
	水 …………………………	250ml
B	大葉 ………………………	10枚
	ナッツ類 …………………	大さじ1
	塩 …………………………	小さじ1/2
	にんにく（すりおろし）…	小さじ1
	粉チーズ …………………	大さじ1
	オリーブオイル …………	大さじ3
大葉（飾り用・せん切り）………		適量

作り方

1 **B**の大葉とナッツ類は粗みじん切り、トッピング用の大葉はせん切りする。耐熱容器に**A**を入れ、ラップをせずに電子レンジで8分加熱する。

2 取り出して混ぜ合わせ、**B**を加えてさらに混ぜる。器に盛り、飾り用の大葉をのせる。

シンプルな調味料で
包丁を使わず
すぐできる！

ボロネーゼ

調理時間
12 min

材料（1人分）

パスタ（5分ゆでタイプ）	100g
合びき肉	100g
にんにく（すりおろし）	小さじ1
コンソメ（顆粒）	小さじ1
ケチャップ	大さじ2
ウスターソース	大さじ1
塩・こしょう	各少々
水	300ml
粉チーズ	適量

作り方

1 耐熱容器に粉チーズ以外の材料を上から順に入れ、ラップをせずに電子レンジで10分加熱する。

2 取り出してよく混ぜてから器に盛り、粉チーズをかける。

お餅とチーズが
とろ〜り
とろけるおいしさ♪

餅グラタン

調理時間
10 min

🍴材料（1人分）

切り餅	1個（50g）
ハーフベーコン	4枚
長いも	200g
A めんつゆ（2倍濃縮）	大さじ1
オイスターソース	小さじ1
ピザ用チーズ	50g

🍴作り方

1. 切り餅は1cmの角切り、ハーフベーコンは1cm角に切る。長いもは1/3を1cmの角切りに、残り2/3はすりおろす。

2. 耐熱皿に**1**と**A**を入れてよく混ぜる。ピザ用チーズをのせてふんわりラップをし、電子レンジで3分加熱する。

3. トースターでこんがりするまで焼く。

うどんで作る
新感覚
カルボナーラ！

カルボうどん

調理時間
5 min

材料（1人分）

冷凍うどん		1 玉
ハーフベーコン		2 枚
A	コンソメ（顆粒）	小さじ 1/2
	粉チーズ	大さじ 1
	卵白	1 個分
卵黄		1 個分
粗びき黒こしょう		適宜
パセリ（みじん切り）		適宜

作り方

1. ハーフベーコンは短冊切りにする。耐熱容器に冷凍うどんとベーコンを入れてふんわりとラップをし、電子レンジで3分30秒加熱する。

2. 取り出して**A**を加えて混ぜる。器に盛って卵黄をのせ、お好みで粗びき黒こしょうをふり、パセリを散らす。

白だしの風味の
マイルドな味わいに
ラー油がアクセント

白だし豆乳うどん

調理時間
5 min

材料（1人分）

A	冷凍うどん	1玉
	豆乳	100ml
	白だし	大さじ1
	しょうが（すりおろし）	小さじ1/2
ツナ缶（油漬け）		1/2缶（35g）
小ねぎ（小口切り）		適宜
ラー油		適宜

作り方

1 耐熱容器に **A** を入れ、ふんわりとラップをして電子レンジで4分加熱する。

2 取り出して混ぜ、器に盛る。小ねぎ、ツナをのせ、お好みでラー油をかける。

コチュジャンの
辛さで食欲倍増！
ぺろっと食べられる♪

ビビンうどん

調理時間
5 min

🍴材料（1人分）

冷凍うどん ………………………………… 1玉
A ┌ コチュジャン ……………………… 大さじ 1/2
　　├ ごま油 ……………………………… 大さじ 1/2
　　├ めんつゆ（2倍濃縮） ……………… 大さじ 1/2
　　└ にんにく（すりおろし） …………… 小さじ 1
小ねぎ（小口切り） ……………………… 適量
刻みのり …………………………………… 適量
天かす ……………………………………… 適量

🍴作り方

1. 耐熱容器に冷凍うどんを入れ、ふんわりとラップをして電子レンジで3分30秒加熱する。取り出して合わせた**A**をかけてよく混ぜる。
2. 器に盛り、小ねぎと刻みのり、天かすをかける。

だしが効いた
うどん屋さんの
あの味をレンチンで再現♪

カレーうどん

調理時間
10 min

🍴材料（1人分）

A	冷凍うどん	1玉
	長ねぎ（白い部分）	1/3本
	油揚げ（短冊切り）	1/2枚
B	水	200ml
	めんつゆ（2倍濃縮）	大さじ2
	片栗粉	小さじ1
	カレールウ	1片（25g）
卵黄		1個
小ねぎ（小口切り）		適量

🍴作り方

1 長ねぎは斜め薄切りにする。耐熱容器に**B**を合わせて混ぜ、**A**を加えてふんわりとラップをし、電子レンジで5分加熱する。

2 取り出してよく混ぜ、再びふんわりとラップをして2分加熱する。器に盛り、卵黄とお好みで小ねぎをのせる。

Point

食べるときに使う器でうどんを加熱すると、洗いものを減らすことができます。

お揚げに味が
しっかりしみた
ほっとする味

きつねうどん

調理時間 **10** min

材料（1人分）

冷凍うどん	1玉
油揚げ	1枚

A
水	50ml
しょうゆ	大さじ1
酒	大さじ1
みりん	大さじ1
砂糖	小さじ2
和風だしの素（顆粒）	小さじ1/2

B
水	200ml
めんつゆ（2倍濃縮）	100ml

小ねぎ（小口切り）	適宜
七味唐辛子	適宜

作り方

1. 耐熱容器に**A**を合わせて混ぜる。食べやすい大きさに切った油揚げを加えてふんわりとラップをし、電子レンジで2分加熱する。

2. 耐熱の器に**B**と冷凍うどんを入れ、再びふんわりとラップをして5分加熱する。**1**を盛り、お好みで小ねぎと七味唐辛子をかける。

明太バターうどん

調理時間 **5** min

材料（1人分）

冷凍うどん	1玉

A
明太子（ほぐす）	1本
バター	5g
めんつゆ（2倍濃縮）	小さじ2

明太子（ほぐす）	適量
大葉（せん切り）	適量
刻みのり	適量

作り方

1. 耐熱容器に冷凍うどんを入れてふんわりとラップをし、電子レンジで3分30秒加熱する。

2. **1**に**A**を加えて混ぜる。器に盛り、明太子、大葉、刻みのりをのせる。

味つけはバターと
めんつゆだけ！
大葉でさっぱり

具材と調味料を入れて
レンチンするだけで
定番焼きそばの完成！

昔ながらの ソース焼きそば

🍴 材料（1人分）

中華麺	1袋
豚バラ薄切り肉	40g
キャベツ	1枚（20g）
A　ウスターソース	大さじ1
オイスターソース	小さじ1
しょうゆ	小さじ1
塩・こしょう	各少々
青のり	適宜
紅しょうが	適宜

🍴 作り方

1. 豚肉は4cm幅、キャベツはざく切りにする。

2. 耐熱容器に中華麺と**1**、**A**を入れて混ぜ合わせ、ふんわりとラップをして電子レンジで4分加熱する。器に盛り、お好みで青のりと紅しょうがをのせる。

海鮮あんかけ 塩焼きそば

🍴 材料（1人分）

中華麺	1袋
冷凍エビ	30g
ニラ	1/3束
水	大さじ1
A　水	200ml
鶏がらスープの素（顆粒）	小さじ2
みりん	小さじ1
にんにく（すりおろし）	小さじ1
塩	小さじ1/4
片栗粉	小さじ2
粗びき黒こしょう	適量
ごま油	適量

🍴 作り方

1. 耐熱容器に中華麺を入れて水をまわしかけ、ふんわりとラップをして電子レンジで2分加熱する。ほぐして器に盛る。

2. 別の耐熱容器に冷凍エビ、3cmの長さに切ったニラと**A**を入れて混ぜ、ふんわりとラップをして2分加熱する。

3. 取り出して片栗粉を加えてよく混ぜ、再びラップをして1分加熱する。よく混ぜて**1**の上にかけ、粗びき黒こしょうとごま油をかける。

とろみのある餡が
もちもちの麺によく絡む

アツアツとろとろの
ソースがリッチな味わい。
休日の朝食やブランチに♪

グラタントースト

調理時間
10min

材料（1人分）

食パン		1枚
A	コーン缶	大さじ3
	薄力粉	大さじ1
	牛乳	100ml
B	コンソメ（顆粒）	小さじ1
	粗びき黒こしょう	適量
ピザ用チーズ		50g

Point

容器が小さいと牛乳があふれるので、大きめの容器を使用しましょう。加熱してもとろみがつかない場合は、30秒ずつ再加熱して様子をみます。

作り方

1. 大きめの耐熱容器に**A**を入れてよく混ぜ、**B**を加えてさらによく混ぜる。

2. ラップをせずに電子レンジで3分加熱し、取り出してよく混ぜる。

3. 食パンの中心をスプーンなどでへこませ、**2**とピザ用チーズをのせてトースターでこんがりするまで焼く。

炊飯器がなくても作れる！

レンジで作るごはんの炊き方

一人暮らしで炊飯器を持っていないという人や、一人分のごはんを炊飯器で炊くのは面倒という人におすすめなのが、電子レンジでごはんを炊く方法。浸水時間を除けば15分ほどで炊けるので、炊き忘れてしまった日にも便利です。

材料（1人分）

米‥‥‥‥‥‥‥ 1合（約160g）
水‥‥‥‥‥‥‥ 250ml

１ お米を研ぐ

お米を研いで水気を切る。研がずに炊くと芯が残りやすいので、必ずしっかり研ぐのがポイント。

２ 浸水させる

耐熱容器に米と水を入れて30分浸水させる。加熱中吹きこぼれないよう、深めの耐熱容器を使用すること。

３ 500Wで5分加熱する

耐熱容器のフタを斜めにのせ、500Wの電子レンジで5分加熱し、取り出してよく混ぜる。

４ 200Wで10分加熱する

再びフタを斜めにのせ、200Wの電子レンジで10分加熱する（200Wの設定がない場合は、解凍モードを使っても同様に作ることができます）。

Part 3

あとひと品欲しいときの救世主

レンチン副り菜

電子レンジを使えば、メイン料理を作っている間にもうひと品がラクラク完成！ 「主菜を作ると力尽きてしまう……」という人におすすめです。野菜やきのこがたっぷり摂れるので、栄養バランスも自然と整います。

とろっとクリーミー！
半熟卵に絡めて
召し上がれ

とろとろ豆腐グラタン

調理時間
5 min

🥄 材料（1人分）

A	豆腐	150g
	ハーフベーコン	2枚
	コンソメ（顆粒）	小さじ1
卵		1個
ピザ用チーズ		30g
パセリ（みじん切り）		適宜
粗びき黒こしょう		適宜

🍴 作り方

1 ハーフベーコンは短冊切りにする。耐熱皿に**A**を入れて混ぜ、卵とチーズをのせる。

2 つまようじで卵に数ヶ所穴を開け、ラップをせずに電子レンジで1分30秒加熱する。お好みでパセリをのせ、粗びき黒こしょうをふる。

長いもの
シャキシャキ食感が
クセになるおいしさ

長いものたたきグラタン

調理時間
10 min

材料（1人分）

長いも		300g
A	めんつゆ（2倍濃縮）	大さじ1
	わさび（チューブ）	小さじ1
	ツナ缶（油漬け）	1缶（70g）
ピザ用チーズ		60g
粉チーズ		適量

作り方

1 厚めのポリ袋に長いもを入れ、耐熱容器や麺棒などでたたいて砕く。

2 **A**を加えてよく混ぜ、耐熱皿に移す。ラップをして電子レンジで30秒加熱したら、ピザ用チーズをのせて、粉チーズをかけ、トースターでこんがり焼き目がつくまで焼く。

レンチン1分♪
おつまみにも
ぴったりなみそだれ味

厚揚げの ガーリックみそ

調理時間 **3** min

🔪材料（1人分）

厚揚げ	1枚
みそ	小さじ1
ごま油	小さじ1
A しょうゆ	小さじ1
砂糖	小さじ1
にんにく（すりおろし）	小さじ1/2
炒りごま（白）	小さじ1/2

🍴作り方

1 耐熱皿に厚揚げをのせ、合わせたAをかける。

2 ラップをせずに電子レンジで1分加熱する。

厚揚げのニラまみれ

調理時間 **3** min

🔪材料（1人分）

厚揚げ	1枚
ニラ	1/4 束
卵黄	1個分
めんつゆ（2倍濃縮）	大さじ1
A ごま油	大さじ1/2
粗びき黒こしょう	適宜
ラー油	適量

🍴作り方

1 耐熱皿に厚揚げと粗みじん切りにしたニラをのせ、Aをかける。

2 ラップをせずに電子レンジで1分加熱する。卵黄をのせ、ラー油をかける。

とろ〜り卵黄が
厚揚げとニラに
しっかり絡む

淡白な豆腐に
にんにくみそ
が相性抜群！

みそガーリック豆腐

調理時間
10 min

材料（1人分）

豆腐		150g
A みそ		小さじ1
にんにく（すりおろし）		小さじ1/2
ピザ用チーズ		30g
マヨネーズ		適量
七味唐辛子		適量

作り方

1 豆腐をペーパータオルに包んで
耐熱皿にのせ、ラップをせずに電
子レンジで30秒加熱する。

2 **A**を合わせて豆腐に塗り、チー
ズをのせてマヨネーズをかける。
トースターでこんがり焼き目がつ
くまで焼き、七味唐辛子をかけ
る。

ミックスベジタブルで
彩りもバッチリ。
お弁当にも最適♪

具だくさんオムレツ

調理時間
7 min

材料（1人分）

卵		4個
冷凍ミックスベジタブル		100g
ハーフベーコン		4枚
牛乳		大さじ2
コンソメ（顆粒）		小さじ1
粉チーズ		大さじ2
塩・こしょう		各少々

作り方

1 ベーコンは1cm角に切り、耐熱
容器にすべての材料を入れて
よく混ぜる。

2 ラップはしないで電子レンジで
2分30秒加熱し、取り出してよく
混ぜる。ラップはしないで再び
3分加熱する。

Point

卵が固まっていなければ30秒ずつ追加で加熱して様
子をみましょう。お好みでケチャップをかけるのもおす
すめです。

ホクホクの長いもたっぷり。
ポテトサラダ感覚で
食べられる

ちくわと長いものサラダ

調理時間
10min

🍴 材料（1人分）

A	ちくわ	5本
	長いも	250g
	小ねぎ（小口切り）	20g
B	ポン酢しょうゆ	大さじ1
	めんつゆ（2倍濃縮）	大さじ1
	マヨネーズ	大さじ3
刻みのり		適宜

🍴 作り方

1 ちくわは薄い輪切りにする。長いもは皮をむいて乱切りにし、耐熱容器に入れる。

2 ふんわりとラップをして電子レンジで6分加熱し、フォークなどでつぶす。**A**と**B**を混ぜ合わせ、器に盛り、お好みで刻みのりをのせる。

さつまいもの甘さが
引き立つ
上品な味わい

さつまいもの甘煮

調理時間 **10** min

🍴材料（1人分）

さつまいも	······	200g
A 砂糖	······	大さじ2
A しょうゆ	······	小さじ1
水	······	200ml

🍴作り方

1. さつまいもは皮をしま模様にむき、1cm幅の輪切りにする。

2. 耐熱容器にAを入れて混ぜ、さつまいもを加える。ふんわりとラップをかけて電子レンジで7分加熱する。

Point

・加熱後、ラップをしたまま5分ほど待つと、さらにホクホクとおいしく仕上がります。
・しま模様にむくことで、味がしみやすくなります。

かぼちゃの煮物

調理時間 **10** min

🍴材料（1人分）

かぼちゃ	······	1/4個（300g）
A しょうゆ	······	大さじ1
A 砂糖	······	大さじ2
A 和風だしの素（顆粒）	······	2つまみ
水	······	100ml

🍴作り方

1. かぼちゃは種を取ってひと口大に切り、Aとともに耐熱容器に入れる。

2. ふんわりとラップをして電子レンジで5分加熱する。取り出して上下をひっくり返し、再びふんわりとラップをして2分加熱する。

しっかり味しみ。
レンチンなら
煮崩れの心配なし！

シャキシャキのれんこんに
粗びき黒こしょうが
アクセント！

れんこんマヨサラダ

調理時間
5 min

🍴 材料（1人分）

れんこん	………………	50g
A	マヨネーズ	大さじ1
	めんつゆ（2倍濃縮）……	大さじ1
	粗びき黒こしょう ……	適量

🍴 作り方

1. 皮をむいて薄くいちょう切りにしたれんこんを耐熱容器に入れ、水（分量外）をひたひたに加える。ラップはせずに電子レンジで3分加熱する。
2. 水気を切り、**A**を加えて混ぜる。

切り干し大根の煮物

カルシウムや鉄分が
不足しがちな日
の献立に◎

🍴 材料（1人分）

※切り干し大根を水
で戻す時間は除く

切り干し大根	30g
にんじん	1/4 本（20g）
油揚げ	1 枚（20g）
しょうゆ	大さじ 2
みりん	大さじ 1
砂糖	大さじ 1/2
和風だしの素（顆粒）	小さじ 1
水	100ml

🍴 作り方

1 切り干し大根を水に10分浸けて
戻し、水気をよく絞っておく。にん
じんはせん切りにする。油揚げは
短冊切りにする。

2 耐熱容器にすべての材料を入れ
て混ぜ、ふんわりとラップをして
電子レンジで5分加熱し、よく混ぜる。

春雨ピーマン

🍴 材料（1人分）

緑豆春雨	30g
ピーマン	3 個（100g）
ハーフベーコン	4 枚
水	150ml
しょうゆ	大さじ 1/2
鶏がらスープの素（顆粒）	小さじ 1
塩・こしょう	各少々

🍴 作り方

1 ピーマンとハーフベーコンは細
切りにし、耐熱容器にすべての
材料を入れる。

2 ふんわりとラップをして電子レ
ンジで4分加熱し、取り出してよ
く混ぜる。

春雨の
戻し時間は不要で
パパッとお手軽♪

揚げずにヘルシー。
調理時間5分で
すぐに食べられる

とろとろなすの煮浸し

調理時間
5 min

🍴 材料（1人分）

なす	2本（200g）
A めんつゆ（2倍濃縮）	大さじ2
ごま油	大さじ1
みりん	大さじ1/2
しょうが（すりおろし）	小さじ1
かいわれ大根（2cm幅に切ったもの）	適宜

🍴 作り方

1 耐熱容器に**A**を合わせる。

2 なすを縦に半分に切り、皮に切れ込みを入れて**1**に加え、全体になじませる。

3 ふんわりとラップをして電子レンジで4分加熱する。器に盛り、かいわれ大根をのせる。

とろとろなすに
濃厚みそだれで
ごはんがすすむ

なすのみそ煮

調理時間
5 min

🍴 材料（1人分）

なす		2本（200g）
A	みそ	大さじ1
	酒	大さじ1
	砂糖	小さじ1
	しょうが（すりおろし）	小さじ1
	ごま油	小さじ2

🍴 作り方

1 耐熱容器に乱切りにしたなすを
入れ、合わせた**A**をかける。

2 ふんわりとラップをし、電子レン
ジで4分加熱し、取り出してよく混
ぜる。

なすとツナの中華蒸し

調理時間
5 min

🍴 材料（1人分）

なす		2本（200g）
A	ツナ缶（油漬け）	1缶（70g）
	しょうゆ	小さじ1
	にんにく（すりおろし）	小さじ1
	鶏がらスープの素（顆粒）	小さじ1/2
	砂糖	小さじ1/2
	ごま油	大さじ1/2

🍴 作り方

1 つまようじで数ヶ所なすを刺
す。ラップで1本ずつ包み、電子
レンジで3分加熱する。

2 取り出してヘタを切り落とし、食
べやすい大きさに裂いたら**A**を
加えて混ぜる。

手で裂いたなすに
ツナの旨みが
たっぷり！

ピーラーで簡単♪
子どもも食べやすい
マヨネーズ味

にんじんのツナマヨサラダ

調理時間
10 min

材料（1人分）

にんじん ················· 1本
めんつゆ（2倍濃縮）······· 大さじ1
　┌ マヨネーズ ············· 大さじ2
A│ ツナ缶（油漬け）········· 1缶（70g）
　└ 粗びき黒こしょう ········· 適宜

作り方

1. にんじんはピーラーでスライスし、耐熱容器に入れてめんつゆを加え、ふんわりとラップをして電子レンジで3分加熱する。

2. **A**を加えて混ぜる。このとき、ツナの油は切らずに使う。

ポリポリ食感が
楽しめる
ごはんのお供に最適！

きゅうりの甘辛しょうゆ漬け

調理時間 **5** min
※塩もみと冷蔵
時間は除く

材料（1人分）

きゅうり	2本
塩	小さじ 1/2
A しょうが（すりおろし）	小さじ 1/2
しょうゆ	大さじ 5
砂糖	大さじ 2
酢	大さじ 1
炒りごま（白）	大さじ 1/2
輪切り唐辛子	1本

作り方

1 きゅうりは5mmの輪切りにし、塩もみをして30分後に汁気を絞る。

2 耐熱容器に1とAを入れてふんわりとラップをし、電子レンジで3分加熱し、冷蔵庫でよく冷やす。

塩だれきゅうり

調理時間 **3** min
※塩もみの時間は除く

材料（1人分）

きゅうり	3本
塩	小さじ 1/2
A 鶏がらスープの素（顆粒）	小さじ 1
にんにく（すりおろし）	小さじ 1
オイスターソース	小さじ 2
片栗粉	小さじ 1/2
粗びき黒こしょう	適量
水	50ml

作り方

1 きゅうりは乱切りにし、塩もみして10分置いたら汁気を絞る。

2 Aを合わせてラップはしないで電子レンジで1分加熱し、よく混ぜる。

3 1を加えて混ぜ合わせる。

食べ出したら
止まらない！
クセになる味

101

食物繊維たっぷり。
作り置きにも
おすすめのひと品

なめたけ

調理時間
5 min

材料（2人分）

えのきだけ	1袋（200g）
みりん	大さじ1
しょうゆ	大さじ1
A 酒	大さじ1/2
砂糖	小さじ1
和風だしの素（顆粒）	小さじ1/2

作り方

1. えのきだけは根元を切り落とし、2cm長さに切る。
2. 耐熱容器に**A**を入れて混ぜ、えのきだけを加えて混ぜる。
3. ふんわりラップをし、電子レンジで4分加熱し、取り出してよく混ぜる。

塩なめたけ

さっぱりとした
なめたけに
塩昆布が相性◎

調理時間 **5** min

🥢 材料（1人分）

えのきだけ	1袋（200g）
A 白だし	大さじ2
酒	大さじ1
みりん	大さじ1
塩昆布	大さじ1
B 小ねぎ（小口切り）	適量
粗びき黒こしょう	適量
白ごま	大さじ1/2
ごま油	大さじ1/2

🍴 作り方

1. えのきだけは根元を切り落とし、2cm長さに切る。耐熱容器にえのきだけと**A**を入れて混ぜる。
2. ふんわりとラップをし、電子レンジで4分加熱したら**B**を加えて混ぜる。

えのきとわかめのサラダ

調理時間 **5** min

🥢 材料（1人分）

えのきだけ	1袋（200g）
乾燥わかめ	小さじ1
A マヨネーズ	大さじ2
鶏がらスープの素（顆粒）	小さじ2
にんにく（すりおろし）	小さじ1
ごま油	小さじ1

🍴 作り方

1. えのきだけは根元を切り落としてほぐす。耐熱容器にえのきだけとわかめを入れ、水（分量外）をひたひたまで入れる。ふんわりラップをして電子レンジで4分加熱する。
2. しっかり水気を切って**A**を加えて混ぜる。

きのこ＆海藻で
腸内環境改善。
キレイをサポート！

103

Column 2

レンチン要らずで和えるだけ！

超スピード副菜レシピ6

献立にあとひと品を加えたい！　というときに大活躍してくれる"和えるだけ"レシピ。
電子レンジを使わないので、レンチン料理と並行で作れるのもうれしいところ。
多めに作り置きしておくのもおすすめです。

キャベツの居酒屋風サラダ

🍴 材料（作りやすい分量）

調理時間 **5** min

キャベツ	300g
ごま油	大さじ 1/2
A にんにく（すりおろし）	小さじ 1
白だし	大さじ 1
粗びき黒こしょう	少々
塩・こしょう	各少々
天かす	適量
刻みのり	適量

🍴 作り方

1. キャベツは食べやすい大きさに切り、ごま油をかけて全体になじませる。
2. **A**を加えて混ぜ合わせ、器に盛り、天かすと刻みのりをのせる。

きゅうりのみそ漬け

🍴 材料（作りやすい分量）

調理時間 **5** min

※冷蔵時間を除く

きゅうり	3本
にんにく	3片
A 合わせみそ	大さじ 3
砂糖	大さじ 3
和風だしの素（顆粒）	小さじ 1/2
ごま油	大さじ 1

🍴 作り方

1. にんにくはみじん切りにしてポリ袋に入れ、**A**を加えてもんで混ぜる。
2. きゅうりは塩（分量外）で板ずりし、水で洗い流す。きゅうりの皮をしま模様にむき、**1**に入れてなじませ、冷蔵庫で24時間漬ける。

ツナと切り干し大根の さっぱりサラダ

🍴 材料（作りやすい分量）

調理時間 **5** min

※切り干し大根を水で戻す時間は除く

切り干し大根		30g
A	ツナ缶（油漬け）	1缶（70g）
	塩昆布	大さじ1
	ごま油	小さじ2
	鶏がらスープの素（顆粒）	小さじ1
	レモン汁	小さじ1
	粗びき黒こしょう	適量
	小ねぎ（小口切り）	適量

🍴 作り方

1. 切り干し大根は水に10分浸けて戻し、よく絞っておく。
2. 切り干し大根と**A**を合わせて混ぜる。

ピリ辛大根

🍴 材料（作りやすい分量）

調理時間 **5** min

※塩もみ、冷蔵時間を除く

大根		350g
塩		2つまみ
A	和風だしの素（顆粒）	小さじ1/2
	砂糖	大さじ2
	しょうゆ	大さじ3
	酢	大さじ3
	輪切り唐辛子	1/2本分

🍴 作り方

1. 大根は1cm幅のスティック状に切り、塩もみして10分置いたら汁気を絞る。
2. ポリ袋に**A**と大根を入れてもみ込み、冷蔵庫で4時間漬ける。

オイキムチ

🔪材料（作りやすい分量）

きゅうり	3本
塩	小さじ1/3
A 砂糖	大さじ1
すりごま	大さじ1
鶏がらスープの素	大さじ1/2
酢	大さじ1/2
しょうゆ	大さじ1/2
豆板醤	大さじ1

※塩もみの時間は除く

🍴作り方

1 きゅうりは端を切り落とし、1cm幅の輪切りにする。塩もみをして10分置く。

2 ボウルに **A** を入れて混ぜ合わせ、汁気を絞ったきゅうりと合わせてよく混ぜる。

白菜モリモリサラダ

🔪材料（作りやすい分量）

白菜	1/4株（400g）
和風だしの素（顆粒）	小さじ2
A マヨネーズ	大さじ3
ポン酢しょうゆ	大さじ1
ツナ缶（油漬け）	1缶（70g）
かつお節	6g
粗びき黒こしょう	適宜
刻みのり	適宜

🍴作り方

1 白菜は細切りにする。和風だしの素をかけてよくもみ込み、10分置いたら汁気を絞る。

2 **A** を加えてよく混ぜ、器に盛る。お好みで粗びき黒こしょうと刻みのりをかける。

Part 4

ゆで時間不要！

レンチンスープ

和洋中、バラエティに富んだスープレシピが大集結！ 鍋で湯を沸かす必要がないので、忙しい朝にも最適♪ 具だくさんのスープは食べすぎを予防してくれるので、ダイエット中にもおすすめです。

しょうがと
にんにく入りで
体が芯から温まる！

麻婆豆腐風スープ

調理時間
6 min

🥄 材料（1人分）

豚ひき肉		50g
豆腐		75g
A	水	200ml
	酒	小さじ1
	鶏がらスープの素（顆粒）	小さじ1
	にんにく（すりおろし）	小さじ1
	しょうが（すりおろし）	小さじ1
	豆板醤	小さじ1/2
ラー油		適宜
小ねぎ（小口切り）		適宜

🍴 作り方

1 豆腐は2cm角に切る。耐熱容器にひき肉、豆腐、**A**を入れ、ふんわりとラップをして電子レンジで4分加熱する。

2 器に盛り、お好みでラー油をかけて小ねぎを散らす。

隠し味の
オイスターソースで
コクと旨みがアップ

三つ葉と豚バラの旨塩スープ

調理時間
5 min

材料（1人分）

豚バラ薄切り肉		50g
三つ葉		10本
	水	250ml
	酒	小さじ1
A	鶏がらスープの素（顆粒）	小さじ1
	オイスターソース	小さじ1/2
	塩	ひとつまみ
ごま油		小さじ1
粗びき黒こしょう		適量

作り方

1 豚肉は4cm長さ、三つ葉は5cm長さに切る。耐熱容器に入れて A を加え、ふんわりとラップをして電子レンジで4分加熱する。

2 器に盛り、ごま油と粗びき黒こしょうをかける。

レモン汁でさっぱり
食欲がない日にも
おすすめ！

豚ひき肉の塩レモンスープ

調理時間
7 min

🥄 材料（1人分）

豚ひき肉	50g
長いも	5cm（50g）
豆苗	1/3束
A 水	200ml
鶏がらスープの素（顆粒）	小さじ 1/2
塩	小さじ 1/3
ごま油	小さじ 1
レモン汁	小さじ 1/2

🍴 作り方

1 長いもは乱切り、豆苗は3cm長さに切る。耐熱容器にひき肉、長いも、豆苗を入れて**A**を加え、ふんわりとラップをして電子レンジで5分加熱する。

2 ごま油とレモン汁を加えて混ぜる。

たっぷりニラ入りで
疲労回復 &
スタミナアップ！

ひき肉とニラのオイスタースープ

調理時間
6 min

材料（1人分）

鶏ひき肉		50g
ニラ		3本
A	水	250ml
	酒	大さじ1
	鶏がらスープの素（顆粒）	小さじ1/2
	塩	小さじ1/3
	オイスターソース	小さじ1
ごま油		小さじ1

作り方

1. ニラは粗みじん切りにする。耐熱容器にひき肉とニラを入れて**A**を加えて混ぜる。

2. ふんわりとラップをして電子レンジで5分加熱し、ごま油をかける。

あっさりスープに
粉チーズで
コクと旨みをプラス

ベーコンとブロッコリーの
チーズスープ

調理時間
5 min

🥄材料（1人分）

ハーフベーコン		2枚
ブロッコリー		150g
	水	250ml
A	コンソメ（顆粒）	小さじ1
	にんにく（すりおろし）	小さじ1
	粉チーズ	大さじ1
B	オリーブオイル	小さじ1
	粗びき黒こしょう	適量

🍴作り方

1 ハーフベーコンは短冊切り、ブロッコリーは
　小さめの小房に分ける。

2 耐熱容器に **1**、**A** を入れ、ふんわりとラッ
　プをして電子レンジで4分加熱する。器に
　盛り、**B** をかける。

ひき肉と厚揚げで
たんぱく質が
しっかり摂れる！

ちぎり厚揚げの ピリ辛みそ汁

材料（1人分）

豚ひき肉		50g
厚揚げ		1枚（150g）
小ねぎ		2本
A	水	200ml
	酒	小さじ1
	和風だしの素（顆粒）	小さじ1/2
みそ		大さじ1/2
七味唐辛子		適宜

作り方

1 厚揚げはひと口大にちぎり、小ね
　ぎは3cm長さに切る。

2 耐熱容器に豚ひき肉と1、Aを入
　れ、ふんわりとラップをして電子レ
　ンジで5分加熱する。取り出してみ
　そをとかし加え、お好みで七味唐
　辛子をかける。

ミネストローネ

材料（1人分）

冷凍ミックスベジタブル	大さじ4
ウィンナーソーセージ	2本
ケチャップ	大さじ1
砂糖	小さじ1/2
コンソメ（顆粒）	小さじ1/2
塩・こしょう	各少々
トマトジュース	150ml
水	50ml

作り方

1 ウィンナーソーセージは薄切り
　にし、耐熱容器にすべての材料
　を入れる。ふんわりとラップをし
　て4分加熱する。

トマトジュースで
手軽にできる
濃厚トマトスープ

キムチの辛みと
しょうが＆にんにくで
体がポカポカ温まる！

キムチチゲスープ

調理時間
5 min

🥄 材料（1人分）

豆腐		150g
	白菜キムチ	50g
	しょうが（すりおろし）	小さじ1
	にんにく（すりおろし）	小さじ1
A	鶏がらスープの素（顆粒）	小さじ1
	塩・こしょう	各少々
	水	200ml
卵		1個
ごま油		小さじ1
ラー油		適量
小ねぎ（小口切り）		適宜

🍴 作り方

1 耐熱容器に **A** を入れ、豆腐をスプーンですくって加える。ふんわりとラップをして電子レンジで2分加熱する。

2 卵を入れて軽く溶き、再びふんわりとラップをして2分加熱する。器に盛り、ごま油とラー油をまわしかけ、お好みで小ねぎを散らす。

ツナの旨みが
溶け出したスープに
春雨をIN！

ツナと春雨のスープ

調理時間
5 min

🥄材料（1人分）

春雨	20g
ニラ	3本
ツナ（油漬け）	1/2缶（35g）
鶏がらスープの素（顆粒）	小さじ1
しょうゆ	小さじ1
しょうが（すりおろし）	小さじ1/2
塩・こしょう	各少々
水	200ml
ラー油	適宜

🍴作り方

1 ニラは3cm長さに切る。耐熱容器にラー油以外の材料を入れ、ふんわりとラップをして電子レンジで4分加熱する。

2 器に盛り、お好みでラー油を垂らす。

桜エビと三つ葉の豆乳スープ

調理時間
3 min

🥄材料（1人分）

A	桜エビ（干したもの）	大さじ2
	豆乳	200ml
	白だし	大さじ1
	三つ葉	3本

🍴作り方

1 耐熱容器に**A**を入れてふんわりとラップをし、電子レンジで2分加熱する。

2 器に盛り、1cm長さに切った三つ葉をのせる。

調味料はひとつだけ！
たったの3分で
すぐできる

牛乳＋みその
クリーミーで
マイルドな味わい

クリーミーみそスープ

調理時間
5 min

🥄 材料（1人分）

ハーフベーコン	2枚
冷凍ほうれん草	100g
冷凍ミックスベジタブル	大さじ4
みそ	小さじ1
白だし	小さじ1
塩・こしょう	各少々
牛乳	200ml
粗びき黒こしょう	適宜

🍴 作り方

▌ ハーフベーコンは短冊切りにする。耐熱容器に粗びき黒こしょう以外の材料をすべて入れ、ふんわりとラップをして電子レンジで3分加熱する。器に盛り、お好みで粗びき黒こしょうをふる。

梅でさっぱり！
疲れた日や風邪の日
にもおすすめ

ちくわと豆苗の梅スープ

調理時間
5 min

🍴材料（1人分）

ちくわ	2本
豆苗	20g
梅干し	1粒
しょうゆ	小さじ1
しょうが（すりおろし）	小さじ1/2
にんにく（すりおろし）	小さじ1/2
和風だしの素（顆粒）	小さじ1
水	200ml

🍴作り方

1. ちくわは輪切り、豆苗は4cm長さに切る。
2. 耐熱容器にすべての材料を入れ、ふんわりとラップをして電子レンジで4分加熱する。

カレー粉に
豆乳を加えて
まろやかに

きのこの豆乳しカレースープ

調理時間
6 min

🍴材料（1人分）

しめじ	100g
マッシュルーム	50g
コンソメ（顆粒）	小さじ1
カレー粉	小さじ1
豆乳	150ml
水	50ml
パセリ（みじん切り）	適宜

🍴作り方

1 しめじは石づきを切り落としてほぐす。マッシュルームは薄切りにする。

2 耐熱容器にパセリ以外の材料をすべて入れ、ふんわりとラップをして電子レンジで4分加熱する。器に盛り、お好みでパセリを散らす。

とろみがあるので
体がしっかり温まる
優しい味わい

長いもの
とろとろスープ

調理時間
5 min

材料（1人分）

長いも		100g
A 白だし		大さじ1
水		200ml
炒りごま（黒）		適宜

作り方

1. 耐熱容器にすりおろした長いも とAを入れ、ふんわりとラップをして2分加熱する。器に盛り、お好みで炒りごまを散らす。

もずくと長いもの
とろろ昆布スープ

調理時間
6 min

材料（1人分）

もずく酢		1パック（80g・汁ごと使用）
長いも		50g
とろろ昆布		3g
水		200ml
すりごま（白）		小さじ1
鶏がらスープの素（顆粒）		小さじ1
にんにく（すりおろし）		小さじ1
しょうが（すりおろし）		小さじ1
小ねぎ（小口切り）		適宜

作り方

1. 長いもは短冊切りにする。耐熱容器に小ねぎ以外の材料をすべて入れ、ふんわりとラップをして電子レンジで4分加熱する。器に盛り、お好みで小ねぎを散らす。

ネバネバパワーで
腸をお掃除！
キレイになるスープ

とろろ昆布となめこの
旨みがたっぷり
健康効果も満点

調理時間
5 min

なめこと梅干しの
とろろ昆布スープ

🥄材料（1人分）

なめこ	50g
とろろ昆布	3g
梅干し	1粒
A 水	200ml
和風だしの素（顆粒）	小さじ1
しょうゆ	小さじ1
小ねぎ（小口切り）	適宜

🍴作り方

1 耐熱容器になめこ、とろろ昆布、**A**を入れ、ふんわりとラップをして電子レンジで3分加熱する。

2 器に盛り、梅干しをのせ、お好みで小ねぎを散らす。

柚子こしょうを
効かせて
大人の味わいに

えのきたっぷり のりスープ

調理時間
5 min

🍴 材料（1人分）

のり（全形）	1枚
えのきだけ	100g
ちくわ	2本
和風だしの素（顆粒）	小さじ1
しょうゆ	小さじ1
柚子こしょう	小さじ1/2
水	200ml

🍴 作り方

1 えのきだけは石づきを切り落とし てほぐし、ちくわは薄切りにする。

2 耐熱容器にすべての材料を入れ、ふんわりとラップをして電子レンジで4分加熱する。

Point

うどんにかけて食べるのもおすすめです。

ピリ辛みぞれ みそ汁

調理時間
5 min

🍴 材料（1人分）

大根		100g
A	乾燥わかめ	小さじ1
	みそ	大さじ1
	和風だしの素（顆粒）	小さじ1/2
	豆板醤	小さじ1/2
	水	200ml

🍴 作り方

1 耐熱容器にすりおろした大根と Aを入れ、ふんわりとラップをして電子レンジで3分加熱する。

大根おろしたっぷりで
健康キレイに。
豆板醤の辛みがアクセント！

たっぷり入った
コーンのおいしさが
ダイレクトに味わえる

コーンスープ

調理時間
5 min

材料（1人分）

コーン缶		1缶（90g）
玉ねぎ		1/4個
A	薄力粉	大さじ1
	コンソメ（顆粒）	小さじ1
	塩・こしょう	各少々
B	牛乳	200ml
	バター	5g
粗びき黒こしょう		適宜
パセリ		適宜

作り方

1 コーンは汁気を切り、玉ねぎはみじん切りにする。

2 耐熱容器に**1**と**A**を入れてよく混ぜ、**B**を加えてさらに混ぜる。

3 ふんわりとラップをして電子レンジで2分加熱する。取り出してよく混ぜ、再び1分加熱する。器に盛り、お好みで粗びき黒こしょうをふり、ちぎったパセリをのせる。

さつまいも
本来の甘さが引き立つ。
冷やして飲むのもおすすめ

さつまいものポタージュ

調理時間
10 min

🥄 材料（1人分）

さつまいも	200g
水	100ml
A バター	20g
牛乳	250ml
コンソメ（顆粒）	小さじ1
塩・こしょう	各少々
パセリ（みじん切り）	適宜
粗びき黒こしょう	適宜

🍴 作り方

1 さつまいもは皮をむき、1cmの角切りにする。耐熱容器に入れて水を加え、ふんわりとラップをして電子レンジで5分加熱する。

2 水分を捨て、滑らかになるまでつぶし、**A**を加える。再びふんわりとラップをして2分加熱する。器に盛り、お好みでパセリと粗びき黒こしょうをかける。

ほんのり甘いかぼちゃと
粗びき黒こしょうの
辛みがマッチ♪

かぼちゃのポタージュ

調理時間
10 min

🍴材料（1人分）

かぼちゃ	1/4個（300g）
水	大さじ5
A 牛乳	200ml
コンソメ（顆粒）	小さじ1
バター	10g
パセリ（みじん切り）	適宜
粗びき黒こしょう	適宜

🍴作り方

1. かぼちゃは種を取り、皮を切り落として3cm角に切る。

2. 耐熱容器にかぼちゃを入れて水をまわしかけ、ふんわりとラップをして電子レンジで5分加熱する。

3. 水分を捨て、滑らかになるまでつぶし、**A**を加えてよく混ぜる。再びふんわりとラップをして、2分加熱する。器に盛り、お好みでパセリと粗びき黒こしょうをかける。

Part 5

火を使わずできる
レンチンスイーツ

ふわふわの蒸しパンから、ケーキやチョコレート、ムース、プリンまで、火を使わず作れる絶品スイーツのレシピをお届け。オーブンがないご家庭でも、手軽におやつ作りが楽しめます。

ココアを使って
甘さ控えめに。
朝食にもピッタリ！

チョコレート蒸しパン

調理時間
7 min

材料（1100ml容器1個分）

A	卵	1個
	牛乳	100ml
	砂糖	大さじ5
	サラダ油	大さじ3
B	ココアパウダー（無糖）	大さじ3
	ホットケーキミックス	150g

作り方

1 ボウルに**A**を入れてよく混ぜ、**B**を加えてさらに混ぜる。

2 クッキングシートを敷いた耐熱容器に**1**を流し、ふんわりとラップをして電子レンジで5分加熱する。耐熱容器から外して粗熱を取り、食べやすい大きさに切る。

Point

・蒸しパンを作る際は、生地が耐熱容器にくっつかないよう、クッキングシートを敷きましょう。

・加熱後、串で生地を刺して生であれば、上下を返して30秒ずつ追加で加熱して調整してください（P.126～133まで同様）。

昔懐かしい
優しい味わい
お子さんのおやつにも

卵蒸しパン

調理時間
6 min

🥄 材料（1100ml容器1個分）

ホットケーキミックス		150g
バター		30g
A	砂糖	大さじ2
	牛乳	100ml
	卵	1個

🍴 作り方

1. 耐熱ガラスボウルにバターを入れ、電子レンジで30秒加熱して溶かす。**A**を加えてよく混ぜ、ホットケーキミックスを加えてさらに混ぜる。

2. 耐熱容器にクッキングシートを敷き、**1**を流す。ふんわりとラップをし、4分加熱する。耐熱容器から外して粗熱を取り、食べやすい大きさに切る。

> 生地にたっぷり
> かぼちゃを練り込み
> 色鮮やかに

かぼちゃ蒸しパン

調理時間
15 min

🥄 材料（1100ml容器 1 個分）

ホットケーキミックス	……	150g
かぼちゃ	……	300g
A 卵	……	1 個
砂糖	……	大さじ 4
サラダ油	……	大さじ 4
牛乳	……	50ml

🍴 作り方

1 かぼちゃは種とワタを取り、1/4を飾り用に1cmの角切りにする。全体を水で濡らして耐熱ガラスボウルに入れ、ふんわりとラップをして電子レンジで1分30秒加熱する。

2 残りのかぼちゃは皮を取り除き、ひと口大に切る。全体を水で濡らして耐熱ガラスボウルに入れ、ふんわりラップをして4分加熱する。取り出して滑らかになるまでつぶす。

3 ボウルにAと2を入れてよく混ぜ、ホットケーキミックスを加えてさらに混ぜる。

4 クッキングシートを敷いた耐熱容器に生地を流し入れたら1を散りばめる。ふんわりとラップをして5分加熱する。

贅沢気分が味わえる！
紅茶の香りただよう
ふわふわ蒸しパン

紅茶蒸しパン

調理時間
8 min

材料（1100ml容器 1 個分）

ホットケーキミックス	150g
アールグレイティーバッグ	2 袋（4g）
お湯	大さじ 2
A 砂糖	大さじ 5
サラダ油	大さじ 2
卵	1 個
牛乳	100ml

作り方

1 耐熱ガラスボウルにティーバッグの茶葉とお湯を入れて30秒ほど混ぜる。

2 1にAを加えて混ぜ合わせ、ホットケーキミックスを加えてさらに混ぜる。

3 耐熱容器にクッキングシートを敷いて2を流し入れる。ふんわりとラップをかけて電子レンジで6分加熱し、食べやすい大きさに切る。

ゆで小豆入りを
練り込んで
和風な味わいに

小豆蒸しパン

材料（1100ml容器 1 個分）

ホットケーキミックス	100g
バター	30g
A 卵	1 個
牛乳	大さじ 4
砂糖	大さじ 3
ゆで小豆（加糖）	190g
こし餡	適宜

作り方

1 耐熱ガラスボウルにバターを入れ、ラップをせずに電子レンジで30秒加熱し、混ぜてバターを溶かす。

2 **A**を加えて混ぜ、ホットケーキミックスを加えてさらに混ぜる。

3 クッキングシートを敷いた耐熱容器に2を流し入れる。ふんわりとラップをかけて6分加熱する。食べやすい大きさに切り、お好みでこし餡を添える。

きな粉蒸しパン

きな粉の風味を感じる
ほっこり素朴な
おいしさ

材料（1100ml容器 1 個分）

A 牛乳	100ml
砂糖	大さじ 4
サラダ油	大さじ 3
卵	1 個
B きな粉	大さじ 5
ホットケーキミックス	150g

作り方

1 ボウルに**A**を混ぜ合わせ、**B**を加え、さらに混ぜる。

2 耐熱容器にクッキングシートを敷いて1を流し入れる。ラップをして電子レンジで5分加熱し、食べやすい大きさに切る。

ふんわり生地に
シャキッとりんごの
食感がアクセント！

りんご蒸しパン

調理時間
15 min

🖋 材料（1100ml容器1個分）

ホットケーキミックス	150g
りんご	1個
A 卵	1個
砂糖	大さじ4
サラダ油	大さじ3
シナモンパウダー	少々

🍴 作り方

1. りんごは皮つきのまま半分すりおろし、もう半分は角切りにし、飾り用に適量よけておく。
2. ボウルに **A** とすりおろしたりんごを入れてよく混ぜ、ホットケーキミックスを加え、さらに混ぜる。
3. 耐熱容器にクッキングシートを敷いて **2** を流し入れ、飾り用のりんごをのせる。ふんわりとラップをして電子レンジで5分加熱し、食べやすい大きさに切る。

ほんのり甘くて
朝食にもおやつにも
ぴったり！

バナナ蒸しパン

調理時間
7 min

🍴材料（1100ml容器1個分）

ホットケーキミックス	150g
バナナ（大）	1本
A 卵	1個
牛乳	50ml
砂糖	大さじ3
サラダ油	大さじ3

🍴作り方

1 ボウルにバナナを入れてつぶし、Aを加えて混ぜる。ホットケーキミックスを加えてさらに混ぜる。

2 耐熱容器にクッキングシートを敷いて、1を流し入れる。ふんわりとラップをして電子レンジで5分加熱し、食べやすい大きさに切る。

キャロット蒸しパン

調理時間
8 min

🍴材料（1100ml容器1個分）

ホットケーキミックス	150g
にんじん	100g
A 卵	1個
砂糖	大さじ5
サラダ油	大さじ4
牛乳	50ml
シナモンパウダー	小さじ1/4

🍴作り方

1 ボウルに、にんじんをすりおろし、Aを加えて混ぜ、ホットケーキミックスを加えてさらに混ぜる。

2 耐熱容器にクッキングシートを敷いて1を流し入れ、ふんわりラップをして電子レンジで5分加熱し、食べやすい大きさに切る。

にんじんたっぷり！
おやつで不足しがちな
野菜が摂れる♪

133

小腹が空いたときに
パパッとできる
お手軽おやつ♡

パンプディング

調理時間
5 min

🥄 材料（1人分）

食パン ································ 1枚
A 牛乳 ····························· 100ml
卵 ······························ 1個
砂糖 ···························· 大さじ1
ココアパウダー（無糖）············ 適量

🍴 作り方

1 耐熱カップに **A** を入れて混ぜ合わせ、3cm
角に切った食パンを入れる。

2 ふんわりとラップをして電子レンジで2分加
熱し、ココアパウダーをかける。

材料は3つだけ！
スティック状で
食べやすさ◎

ガトーショコラ

調理時間
8 min

※冷蔵時間を除く

🍴 材料（1100ml容器1個分）

チョコレート	200g
卵	3個
粉糖	適宜

🍴 作り方

1. 耐熱ガラスボウルに小さく割ったチョコレートを入れてラップをし、電子レンジで2分加熱してよく混ぜる。
2. 1に卵を加え、よく混ぜる。
3. 耐熱容器にクッキングシートを敷いて2を流し入れ、ふんわりとラップをして4分加熱し、冷蔵庫でよく冷やす。
4. スティック状に切り、お好みで粉糖をふりかける。

Point

チョコレートが熱いうちに卵を入れると分離しやすいので、粗熱を取ってから卵を入れましょう。

ほろ苦いカラメル
ソースをかけた
大人の贅沢おやつ

カラメルスイートポテト

調理時間 **15**min

※冷蔵時間を除く

🥄 材料（1100ml容器 1 個分）

さつまいも	300g
水	150ml
バター	20g
A 砂糖	大さじ 4
卵	1 個
牛乳	100ml
バニラオイル	10 滴
薄力粉	60g
黒ごま	適宜
＜カラメルソース＞	
砂糖	大さじ 2
水	大さじ 2

🍴 作り方

1 さつまいもは皮をむいて1cmの輪切りにする。耐熱ガラスボウルにさつまいもと水を入れてラップをし、電子レンジで6分加熱する。

2 水を捨ててバターを加え、滑らかになるまでつぶす。Aを加えてよく混ぜ、薄力粉を加えてさらによく混ぜる。

3 耐熱容器にクッキングシートを敷いて2を流し入れ、ふんわりとラップをして5分加熱して冷蔵庫でよく冷やす。

4 カラメルソースを作る。耐熱カップに砂糖と水大さじ1を入れ、ラップをせずに2分加熱したあと、様子をみながらカラメル色になるまで10秒ずつ加熱する。

5 取り出して残りの水大さじ1を少しずつ加えて冷蔵庫で冷やし、カットした3にかけ、黒ごまをふる。

Point

・カラメルソールはお好みで。なくてもおいしくいただけます。
・工程5で水を加える際は、跳ねるのに注意して少量ずつ水を加えましょう。

マシュマロで作る
お手軽＆絶品
新感覚おやつ！

チョコムース

調理時間
10 min

材料（80ml容器 7 個分）
※冷蔵時間を除く

マシュマロ	100g
牛乳	150ml
ココアパウダー（無糖）	大さじ 2
チョコレート（飾り用）	適宜

作り方

1 大きめの耐熱ガラスボウルにマシュマロと牛乳100mlを入れ、ラップをせずに電子レンジで2分加熱し、よく混ぜて滑らかにする。

2 別のボウルにココアパウダーを入れ、1を少量ずつ加えてだまができないようにヘラでよく練る。

3 2に残りの牛乳50mlを加えてよく混ぜ、茶こしでこしながら容器に入れる。冷蔵庫でよく冷やして固め、お好みで刻んだチョコレートをのせる。

豆腐ショコラ

調理時間
10 min

材料（1100ml容器 1 個分）
※冷蔵時間を除く

チョコレート		100g
A	薄力粉	大さじ 2
	卵	1 個
	絹豆腐	150g

作り方

1 耐熱ガラスボウルにチョコレートを割り入れ、ふんわりとラップをして電子レンジで1分30秒加熱し、滑らかになるまで混ぜる。

2 **A**を上から順に加えて、そのつど混ぜる。

3 耐熱容器にクッキングシートを敷いて、2を流し入れる。高い場所から数回落として空気を抜き、ふんわりとラップをして5分加熱したあと、冷蔵庫でよく冷やす。

豆腐入りで
ヘルシーなのに
満足感も十分♪

粗く砕いた
ナッツの食感が
アクセント！

チョコレートブラウニー

調理時間
5 min

🍴材料（1100ml容器1個分）

バター	40g
チョコレート	100g
卵	1個
薄力粉	大さじ2
ナッツ類	大さじ1

🍴作り方

1. 耐熱ガラスボウルにバターと小さく割ったチョコレートを入れ、ふんわりとラップをして電子レンジで1分加熱し、よく混ぜる。
2. 卵を加えてよく混ぜ、薄力粉を加えてさらに混ぜる。
3. 耐熱容器にクッキングシートを敷いて生地を流し入れ、10回ほど落としてならしたら、砕いたナッツ類をのせる。
4. ふんわりとラップをして電子レンジで2分30秒加熱し、食べやすい大きさに切る。

Point

チョコレートが熱いうちに卵を入れると分離しやすいので、
よく混ぜて粗熱を取ってから加えましょう。

さっぱりおいしい
本格チーズタルトが
レンチンで完成！

チーズタルト

調理時間
15min

※冷蔵時間を除く

🍴 材料(1100ml容器 1個分)

ビスケット	100g
バター	50g
クリームチーズ	200g

A
砂糖	大さじ 4
薄力粉	大さじ 2
レモン汁	大さじ 1
プレーンヨーグルト	大さじ 5
卵白	1 個分

🍴 作り方

1. 耐熱ガラスボウルにバターを入れ、電子レンジで30秒加熱して溶かす。厚めの袋にビスケットを入れて麺棒などで細かく砕き、バターと合わせて混ぜる。

2. 耐熱容器にクッキングシートを敷き、1を敷き詰めて押し固める。

3. 耐熱ガラスボウルにクリームチーズを入れて電子レンジで30秒加熱し、滑らかになるまでへらで練り混ぜ、Aを加えてさらに混ぜて2に流し入れる。

4. ふんわりとラップをかけて、5分加熱し、冷蔵庫でよく冷やし、食べやすい大きさに切る。

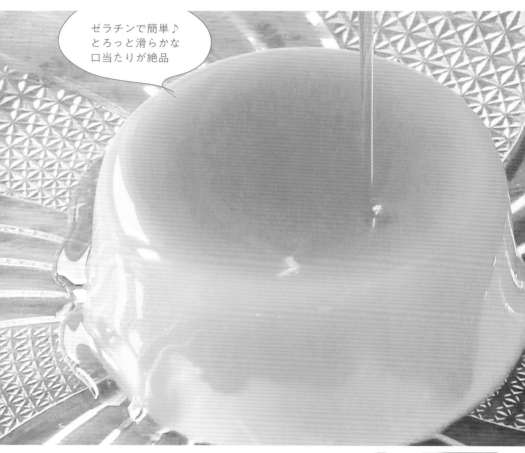

ゼラチンで簡単♪
とろっと滑らかな
口当たりが絶品

プリン

調理時間 10 min
※冷蔵時間を除く

🍴 材料（100ml容器2個分）

牛乳	100ml
粉ゼラチン	小さじ1
卵	1個
砂糖	大さじ1
バニラエッセンス	5滴
<カラメルソール>	
砂糖	大さじ2
水	大さじ2

🍴 作り方

1 耐熱ガラスボウルに牛乳を入れ、ラップせずに電子レンジで1分30秒加熱し、ゼラチンを入れてよく混ぜて溶かす。

2 卵、砂糖、バニラエッセンスを加えてよく混ぜる。

3 茶こしでこしながら器に入れて、冷蔵庫で4時間冷やす。

4 カラメルソースを作る。耐熱カップに砂糖と水大さじ1を入れ、ラップをせずに2分加熱したあと、様子をみながらカラメル色になるまで10秒ずつ加熱する。

5 取り出して残りの水大さじ1を少しずつ加えて冷蔵庫で冷やし、型から外した**3**にかける。

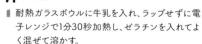

調味料なしで作る！
マシュマロの甘みを
生かしたシンプルムース

牛乳ムース

調理時間
5 min

※冷蔵時間を除く

材料（80ml容器5個分）

牛乳 ……………………… 300ml
マシュマロ …………………… 100g
お好みのジャム …………… 適宜

作り方

1. 耐熱容器に牛乳150mlとマシュマロを入れ、ラップをせずに電子レンジで2分加熱し、よく混ぜる。
2. 残りの牛乳150mlを加えて混ぜ、容器に等分に入れて冷蔵庫で冷やし固める。お好みでジャムをのせる。

シュガーバターが染みた
シャキシャキとろとろの
りんごがたまらないおいしさ

焼きりんご

調理時間
8 min

材料（1人分）

A	りんご	1個
	砂糖	大さじ3
	バター	10g
バニラアイス		適宜
シナモンパウダー		適宜

作り方

1. りんごの芯を取って薄くスライスする。
2. 耐熱容器に **A** を入れ、ふんわりとラップをし、電子レンジで5分加熱する。
3. 皿に盛り、お好みでアイスをのせ、シナモンをふりかける。

ラップの上にのばして
チンするだけ！
アレンジは無限大♡

もっちりクレープ

調理時間 **10** min

🍳材料（直径20cmボウル5枚分）

卵	1個
牛乳	150ml
ホットケーキミックス	100g
はちみつ	適量
粉砂糖	適量

🍴作り方

1 ボウルに卵と牛乳を入れて混ぜ、ホットケーキミックスも入れて滑らかになるまで混ぜる。

2 別の耐熱ガラスボウルにラップをピンと張るようにかけ、お玉で生地を薄くのばす。

3 電子レンジで1分30秒加熱する。三角にたたみ、はちみつと粉砂糖をかける。

エプロン

Nadia Artist。誰でも簡単に作れることをモットーに
YouTubeとInstagramでレシピ情報を発信。レンチ
ンレシピや材料を絞ったレシピなどが作りやすいと
好評で、現在はチャンネル登録者は35万人を超える
（2023年10月現在）。

自炊（じすい）がやる気ゼロでも作（つく）れちゃう！
頑張（がんば）らないレンチンごはん
2023年11月16日　初版発行

著者／エプロン

発行者／山下直久

発行／株式会社KADOKAWA
〒102-8177　東京都千代田区富士見2-13-3
電話　0570-002-301（ナビダイヤル）

印刷所　図書印刷株式会社
製本所　図書印刷株式会社

●お問い合わせ
https://www.kadokawa.co.jp/（「お問い合わせ」へお進みください）
※内容によっては、お答えできない場合があります。
※サポートは日本国内のみとさせていただきます。
※Japanese text only

定価はカバーに表示してあります。